꿈꾸는 독종

꿈꾸는 독종

펴 낸 날 | 2017년 8월 25일 초판 1쇄

지 은 이 | 황인선
펴 낸 이 | 이태권

책임편집 | 양정희
책임미술 | 김지태

펴 낸 곳 | (주)태일소담
　　　　　서울특별시 성북구 성북로8길 29 (우)02834
　　　　　전화 | 745-8566~7　팩스 | 747-3238
　　　　　e-mail | sodam@dreamsodam.co.kr
　　　　　등록번호 | 제2-42호(1979년 11월 14일)
　　　　　홈페이지 | www.dreamsodam.co.kr
ISBN　　　979-11-6027-022-8　03300

이 도서의 국립중앙도서관 출판시도서목록(CIP)은 서지정보유통지원시스템 홈페이지
(http://seoji.nl.go.kr)와 국가자료공동목록시스템(http://www.nl.go.kr/kolisnet)에서
이용하실 수 있습니다.(CIP제어번호: CIP2017018830)

한국인,
'승부사의 DNA'가
다시 시작된다

꿈꾸는
독종

황인선 지음

소담출판사

위기의 대한민국,
새로운 종(種)으로 진화하라

우리는 때로 절망하고 때로 희망을 가진다. 사람뿐만 아니라 국가도 희망과 절망을 파도 타며 전진의 동력을 얻는다. 희망만 있는 경우도 없고, 절망만 있는 경우도 없다. 이 두 양극단의 거시 사이클은 피할 수 없다.

대표적으로 꼽자면 아랍에는 재스민 혁명이 있었고, 이스라엘에는 경제 위기가 있었다. 절망, 희망, 다시 절망, 그리고 다시 희망의 사이클링에서 아랍은 지금 다시 절망이 되었고, 이스라엘은 아직 희망으로 살고 있다. 노동자 출신의 룰라 대통령이 생기를 불어넣었던 브라질, 유로존(Eurozone)을 충격에 빠뜨린 브렉시트(brexit)를 선언한 영국과 굴욕의 PIGS(포르투갈·이탈리아·그리스·스페인의 앞글자를 조합해 만든 신조어), 그리고 일단 계속 전진하고 있는 중국, 뜻밖에도 막말 대통령 트럼프를 선택한 미국도 예외 없이 다 이런 절망과 희망의 반복 사이클 속에 놓여 있다. 그렇다면 우리 대한민국은 과연 어디에 있을까?

우리가 사는 이 나라도 과거 지독한 절망에서 희망으로, 그리고 희망을 넘고 운 좋게도 또 2차, 3차 희망 고개를 넘어왔다가 2016년을 지나면서 갑자기 상대적 절망의 나락까지 떨어졌다. 이 절망은 과거에는 좋았던 많은 것들의 추락에서 온 것이다.

지금 한국의 정치, 경제는 그야말로 골든타임에 놓여 있다. 골든타임(golden time)은 사고나 사건에서 인명을 구조하기 위한 초반의 금쪽같은 시간을 지칭한다. 응급처치법에서 심폐소생술은 상황 발생 후 최소 5분에서 최대 10분 내에 시행돼야 하며, 항공사의 경우 비상 상황이 발생하면 90초 내에 승객들을 기내에서 탈출시켜야 한다는 것이 골든타임의 룰이다.

그간 잘 나가던 한국 호는 망치로 아주 세게 얻어맞았다. 모두가 각자의 위치에서 저마다의 방식으로 아파한다. 전문가도 서민도 지금을 '절망의 시대'라고 지칭한다. 이 추락에서 아주 빠르게 벗어나야 할 것임은 분명하다. 그것이 골든타임 룰이기 때문이다.

누구나 추락은 피할 수 없다. 한 번도 성공하지 못한 사람에게 추락은 결코 벗어나지 못할 관성이 되지만 성공을 경험한 사람에게 추락은 성숙과 성찰의 좋은 기회가 될 것이다. 그러면 추락은 절망으로 이어지지 않는다. 그러니 우리를 돌아보자. 한국은 수차례 샴페인을 터트렸고 세계의 부러움도 샀던 놀라운 나라였다. 피식민지를 겪은 나라 중 거의 유일한 나라라고 보아도 좋다. 한강의 기적이라 불렸던 경제 성공, 부유한 나라들만 할 수 있었던 올림픽과 월드컵, 여수 엑스포와 G20 정상회의를 개최했고 게다가 최근의 문화 한류까지. 대한민국은 그간 경제, 이벤트, 문화에 이르는 전방위적으로 눈부신 성공을 거뒀다. 우리에게는 이러한 유산이 있었기에 지금의 추락이 절망으로만 보이지는 않는다. 우리에게는 늘 해왔듯이 멈추지 않을 성장 동력이 잠재하고 있기 때문이다.

촛불혁명, 더 큰 미래를 꿈꾸다

촛불혁명은 우리의 성숙함을 스스로 확인하고 세계가 인정한 사건이었다. 2016년 11월을 후대는 무슨 분수령이라고 기록할까? 그달, 100만 명이 넘는 시민들이 촛불을 들고 광장으로 모였다. 희망과 각성의 불이 다시 지펴졌다. 그 불은 이제까지와는 또 다른 불이라고 보아야 할 것이다. 짱돌 대신 촛불을 들었고, 화염병 투척 대신 음악을 투척했고, 폭력 대신 평화를 연호했다. 로커 전인권이 부른 노래 「상록수」와 「애국가」, 그리고 「걱정 말아요, 그대」의 가사인 "새로운 꿈을 꾸겠다 말해요"는 우리의 심장을 가격했다. 우리는 그 장소 그 시간에서 그간 쪼그라들어 놓쳤던 희망을 보았다. 허파를 비우고 울어야 할 자리에서 한국인은 다시 웃었다. 묘한 국민, 기이한 저력이다. 간만에 1퍼센트 '바퀴벌레 권력'을 내려다보며 성숙한 비웃음도 날렸다. 그들은 노블레스 오블리주(noblesse oblige)와 상관없는 갑각충이며 또한 모공 찌끼*같은 존재임이 드러났다. 그들의 정체를 알고 나서 한국인은 이제 어디로 가야 할지 다시 논의하기 시작했다. 한국은 다시 뭉쳤던 것이다. 이것이 한국 특유의 힘이며, 위기에 강한 문화 근육이 꿈틀대기 시작했다고 보는 것은 나뿐만이 아닐 것이다.

나는 한국의 이런 모습이 좋다. 분노하다가도 확 풀린다. 이것이 바로 한국의 불가사의한 역동성이다. 불의한 자들은 한국을 냉철하게 다시 보도록 의도하지 않은 선물을 준 셈이다. 지금에 안주하거나 겁먹지 말고 부정한 그들을 반면교사로 삼아 더 나은 한국, 더 큰 코리아를 꿈꾸라는 선물을 준 것이다.

---

* 모공 찌끼는 털 숨구멍을 막아 털을 탈모로 이르게 하는 못된 껍데기다.

실전 마케팅 전문가가 본 한국

나는 마케팅만 20여 년 이상 해온 실전 마케팅 전문가다. 아마도 본격적인 마케팅 1세대에 속할 것이다. 기업 현장에서 마케팅을 할 때면 기업은 늘 '위기'라고 말한다. 고객은 돌아서고 직원들은 해이해지고 경쟁사는 계속 강해지고 신기술이 느닷없이 나타나 경계를 무너뜨렸다고 한다. 그런 상황을 돌파해야 하는 것은 언제나 마케터의 숙명 같은 것이었다. 그와 마찬가지로 지금 한국이 정치, 경제, 사회적으로 위기이기에 이 땅에 작게나마 도움을 주고 싶어 펜을 들게 되었다.

실전 마케터의 시각은 아카데믹한 학자들과는 다를 수밖에 없다. 마케터는 오랜 검증을 거쳐야 비로소 말을 하는 학자나 이론가들과는 달리, 시장이란 실제 공간을 배경으로 구체적인 성과를 낼 수 있는 결과를 향해 사고하는 사람들이다. 살아 움직이는 시장을 상대하기 때문에 때로는 객관적이고 타당한 자료보다는 직관을 중시하기도 한다. 시장은 기술과 욕망이 마구 엉켜 들끓는 곳이다. 항상 그렇듯이 그곳에 정답은 없다. 시장에서는 리얼 타임(real time)* 유효성이 우선이다. 한국은 그동안 지역 시장에서 글로벌 시장까

---

* 충분히 빠른 시간 내에 응답을 주어 실제 시간 내에 반드시 문제를 해결하게 하는 것.

지, 그리고 최근에는 세계 어디에도 없는 한류라는 미증유의 컬처 마켓까지 만들며 커왔다. 한국은 훌륭하게 변화해온 것이다. 시장은 생물처럼 변화한다. 변화의 중심, 거기에 깃대를 꽂아야 한다. 그것이 시장이 살아 움직이는 생명의 논리며 한국의 다음 희망이다.

우리는 혼자 살 수 없다. 그래서 외국이 한국을 보는 시선은 중요한 참고자료가 된다. 그들의 시선은 계속 변해왔다. 처음엔 필리핀보다 가난하고 케냐와 비슷한 수준이었던 한국이라는 나라 따위는 안중에도 없었다. 그러다가 1980년대가 지나자 샴페인을 먼저 터트렸다느니 하면서 한 수 가르쳐준다는 태도로 나왔다. 그동안 거만했던 영국, 프랑스, 미국인들이 최근 한국을 두고 '기적을 이룬 나라, 기쁨을 잃은 나라'라고 하며 '한국인은 미쳤다'고도 했다. 이 말의 배경에는 악의보다는 경이로움이 있음을 놓치지 말아야 한다. 반면 또 한편으로는 한국은 역동적인 나라며 세계 개발도상 국가들의 희망이고, 세계에 기여를 할 나라라는 소리이기도 하다. 이것 역시 경이로움이 기본이 되는 표현이다. 극단을 치닫는 이 스펙트럼은 그래서 한국의 성공 유전자를 표현하는 양면의 수식어들이다.

한국은 분명 성공한 나라였다. 우선 좀 더 나아지고 긍정적으로 변한 것만 보자. 전자정부 시스템, 유학생 비율, 도시 인프라, 의료제도, 치안, 공무원 친절도와 IT, 스마트 시스템 등은 세계 최고 수준이다. 그뿐만이 아니다. 부지런함과 속도감, 빠른 모방, 위기가 닥쳤을 때 뭉치는 능력 등도 빼놓을 수 없다. 한국은 어느덧 '세계 최고'라는 말을 우습게 알게 되었지만 그것은 사실 개인으로 치면 사시 합격보다 어려운 것이다. 그것도 나라가 반으로 쪼개진 상황에서 이룬 것들이다. 이것들이 단순히 자원과 모방, 돈의 힘으로 된 것은 아니다. 그것들은 학습 강국, 한류(K-Wave)의 한국을 설명하지 못한다. 그래서 한국을 유럽 모델, 미국 모델과는 다른 제3의 성공 모델 국가로 쳐다보는 나라도 의외로 많다. 한국이 좋아하는 버락 오바마 전(前) 대통령도 틈틈이 한국을 배우라고 말하는 이유가 바로 그것 때문이다. 한국의 이런 기적 같은 성공 동력은 과연 무엇이었을까? 지금 한국은 무슨 동력으로 사는가? 그리고 다음 한국은 어떤 힘으로 다시 성공 동력을 만들어갈 것인가? 그리고 이 거대한 그림 안에서 개인, 사회, 기업, 국가는 과연 무엇을 해야 하는가?

우리는 최선을 다해서 답을 찾아야 한다. 이 책도 그런 시도 중 하나다. 이 책은 어려서는 수렵 채취, 농업경제 시대에서부터 젊어서는 산업화 민주화 시대를 거치고, 청장년이 되어서는 현재 스마트 시대까지 관통하면서 살아온 세대의 일원으로서, 그리고 기업에서 25년 경력의 마케터로서 보는 한국의 과거, 현재, 그리고 미래다. 일반인들은 마케터를 숫자와 이윤만 따지는 숫자쟁이로 볼지 모르지만 꼭 그렇지만은 않다. 마케팅의 고수들은 숫자보다는 오히려 시대의 키워드를 중심으로 흐름을 만드는 사람들이다.

IMF 직후 대우증권이 '바이 코리아(buy korea)'를 외쳤던 것, 유니레버사의 도브가 세계 모든 여인이 화장 콤플렉스에 빠졌을 때 '리얼 뷰티' 캠페인을 펼친 것 등은 '키워드 메이커(keyword maker)'라는 마케터의 특성을 보여준 대표적 사례다. 감히 나에게도 그런 기회가 주어진다면 나는 한국이 선택 가능한 두 개의 키워드를 제시하고 싶다.

첫 번째는 독종이다. 이것으로 우리는 성공했다. 하지만 이것은 과거의 유전자다. 그리고 두 번째는 '꿈꾸는 독종'이다. 이것은 미래의 유전자다. 현실주의자인 한국은 꿈꾸는 데 좀 서툴렀다. 꿈은 다양한 능력의 총합인데 크리에이티브도 꿈꾸는 능력 중 하나라고 할 수 있을 것이다.

글로벌 광고 전문매체지 『캠페인 브리프 아시아(campaign brief asia)』의 보도에 따르면 한국은 2016년 기준 아시아 16개 국가 중 광고비로는 중국, 일본에 이어 무려 13조 원으로 3위지만 크리에이티브상 수상 실적은 겨우 7위다. 일본 1위, 싱가포르 2위, 중국 6위에도 못 미친다. 중국은 한국의 6.5배나 되는 광고비를 쓰고도 6위이니 사실 질적으로는 한국에 밀린다고 봐야겠지만, 거꾸로 일본을 제외한 나라는 한국보다 훨씬 광고비를 적게 쓰고도 크리에이티브 지수가 높다.

스마트폰, 사물인터넷 같은 기술은 빠른 모방이 흉이 안 되지만 크리에이티브는 모방이 인정되지 않는다는 점에서 이 크리에이티브상의 실적은 한국의 지적·심미적 능력이 퇴보했음을 알려주는 지표다. 크리에이티브 지수는 그렇다 하더라도 한국인의 꿈꾸는 전반적 능력이 그 정도로 떨어진 것은 아니다. 세계 게임계에 큰 충격을 준 포켓몬고의 총괄 디렉터는 한국인 데니스 황이다. 그는 어릴 적부터 시험 공부보다는 미술과 과학을 좋아했다고 한다. 그가 한국에 있었다면 위치 기반과 가상현실 서비스에 포켓몬 콘텐츠를 융합한 포켓몬고를 개발하기 힘들었을 것이다. 환경이 바뀌자 그의 꿈꾸는 능력이 드러났다. 그러니 문제는 꿈꾸는 환경, 그리고 개인의 의지인 것이다.

나는 한국의 기적을 가능하게 했던 '독종' 코드의 나라에서 이제는 '꿈꾸는 독종' 코드의 나라로 업그레이드하는 한국이 되기를 바란다. 꿈은 우리에게 살아갈 이유, 사랑할 이유를 제시하는 비전의 단어다. 마케터는 시장에서 꿈을 파는 사람이다. 물론 실현 가능한 꿈을 파는 사람들이다.

이 책은 다음과 같은 질문에 최선을 다해 답을 할 것이다.

- 왜 우리는 꿈을 잃은 것처럼 보이는가?
- 아니, 도대체 꿈꾼다는 것의 의미는 무엇인가?

- 꿈꾸는 독종, 그들은 누구이며 어떻게 하는 것이 꿈꾸는 독종인가?
- 꿈꾸는 독종이 되려면 개인, 사회, 국가는 어떻게 해야 하는가?

이것에 제대로 답을 할 수 있다면 우리는 재도약할 수 있을 것이다.

이스라엘에 후츠파가 있다면 한국에는 독종이 있다

외국인들에게는 기적 같은 한국의 성장에 대해서 '독종과 깡의 정신'이라는 말로 설명할 수 있을 것이다. 이제까지의 한국은 깡으로 무장한 독종이 아니고서는 주어진 딜레마와 열악한 조건을 극복하기 어려웠던 상황이었다. 역사를 보면 어느 시대고 마음대로 되는 시대는 없었다. 그 딜레마의 시대를 떨치고 나온 자들은 모두 다 독종이었다. 고(故) 정주영 회장은 "빈대도 자신이 원하는 바를 달성하기 위하여 목숨을 걸고 온갖 수단과 방법을 다 갈구한다. 사람이 무슨 일을 못하겠는가"라며 지독한 독종이 되라고 말했다. LG의 프랑스 법인 중역은 한국인들이 지독하게 일하는 모습을 보면서 "미쳤다"고 말했다. 하지만 우리는 그것을 훈장으로 받아들였다. 서구 사회가 '천재, 영웅, 혁신자'를 부르짖을 때 한국은 '독종 정신'을 찬양했으며 '깡'을 마음속 깊은 곳에 단단하게 다져넣으며 뛰어왔다.

특히 한국은 대부분 선진국과는 달리 식민지를 약탈하지 않고도 단기간에 경제 성장과 민주주의를 이룬 나라다. 이것은 우리가 가질 수 있는 대단한 자부심이기도 하다. 운도 따랐고 독하게 노력한 것도 있다. 사회적, 경제적, 정치적 문제는 계속 있어왔지만 그럼에도 불구하고 우리는 계속해서 문제를 풀며 지금까지 전진해왔다.

이스라엘도 이러한 독종 정신으로 인류사에서 자신만의 역사를 개척해왔다. 800만 인구인 이스라엘은 유럽의 전체 특허 40퍼센트 이상을 보유한 나라. 그것을 가능하게 한 것이 이스라엘 특유의 도전 정신인 '후츠파(chutzpah)'다. '뻔뻔함, 담대함, 저돌성, 무례함'이라는 의미를 가진 후츠파는 우리가 가진 '독종, 깡'이라는 말과 매우 유사하다. 후츠파를 배운 아이들은 어려서부터 형식과 권위에 얽매이지 않고 끊임없이 질문하고 도전하며 때로는 뻔뻔하게 자신의 주장을 당당히 밝힌다. 형식 타파, 질문의 권리, 섞이고 섞임, 위험 감수, 목표 지향성, 끈질김, 실패로부터 교훈 얻기 등이 후츠파의 7가지 요소다. 이스라엘이 이러한 후츠파 정신으로 자신의 역사에 도전을 했다면 한국인은 독종 정신과 깡으로 대응해왔다. 그리고 그것은 바로 오늘날 세계인들이 부러워하는 대단한 성공을 이뤄냈다.

대한민국은 '꿈꾸는 독종'을 필요로 한다

이스라엘에 있는 테크니온 공과대학(Technion-Israel Institute of Technology)은 세계적인 노벨상 수상자 4명을 배출했으며, 이스라엘 100대 기업 CEO 중 절반이 다닌 학교로 이름이 높다. 윤종록의 저서 『이매지노베이션』을 보면 이 대학의 페레츠 라비(Peretz Lavie) 총장은 이제 한국이 21세기 경제 리더가 될 것을 기대하고 있다.

"좋은 의미의 불만족을 가지세요. 그리고 바로 거기에서 도전하세요. 그리고 실패를 두려워하지 말아야 합니다. 혁신이란 열매는 한 번, 두 번, 세 번의 실패에도 실망하지 않는 데에 있습니다. 이것이 가장 중요한 비밀입니다. 근면, 자조, 협동에서 탁월한 성과를 발휘했던 한국 경제가 이제는 상상-도전-혁신으로 21세기 창조경제를 리드할 것으로 믿습니다."

이제껏 해왔던 독종의 정신을 잘 발전시켜 이어가면 분명 새로운 미래가 펼쳐질 것은 확실하다. 하지만 문제는 앞으로 단지 '깡과 독종'만으로는 부족하다는 점이다. 이제까지 우리는 근 70년 동안 성장을 해왔지만, 이제 또 다른 문제들이 우리의 발목을 잡고 있다. 저성장과 경제 위기 문제가 가장 심각하다. 게다가 단군 이래 가장 화려한 스펙을 쌓은 이 시대의 청춘들은 취업 때문에 불안한 인생을 살아가고 있으며, 중년들은 구조조정에 하루하루 위태로운 나날을 보내고 있다. 앞으로도 경제적으로 힘든 시기가 펼쳐질 것은 분명하고, 이 과정에서 더 많은 사람들이 소외되고 괴로워하며 고생할 것이다. 그래서 이제 우리에게 필요한 것은 바로 '독종'을 넘어선 '꿈꾸는 독종'이다. 페레츠 라비 총장이 말한 '상상-도전-혁신'이 우리 한국인만의 방식으로 적용된 것이 바로 '꿈꾸는 독종'이다.

스티브 잡스는 가난한 집안 출신에 양부모 밑에서 자랐고, 대학교를 중퇴하고 1970년대의 히피 세상에서 외로운 독종으로 성장했다. 그가 말한 "Stay hungry, be foolish(계속 갈망하라, 여전히 우직하게)"는 독종으로 살았어야만 했던 그의 정신세계를 반영한다. 하지만 스티브 잡스는 단순히 독종에만 머물지 않았다. 그는 꿈꾸어 세상을 바꾸고자 했고 본인 스스로 영웅이라 생각하며 '꿈꾸는 독종'이 되었다. 정부 수립 후 독종으로 살아와 성공을 거두었던 한국이 이제 나아갈 길은 바로 '꿈꾸는 독종의 길'이다.

이 책은 추락하는 한국에 새로운 미래를 꿈꾸도록 도와주며, 또한 한국을 배우려는 세계에는 '왜 한국이 빨리 성장할 수 있었나'를 알려주는 책이기도 하다.

문득 세어보니 한국에서 인생의 6분의 5 정도를 살았다. 한국을 자료와 이성으로서가 아니라 몸으로 느낄 만큼 살았다는 의미다.

그리고 그중 약 절반을 마케터로 살았다. 기업, 지자체, 축제와 시장 그리고 도시와 마을을 둘러도 보았다. 그 안의 한국을 사랑했고 또 한국을 싫어하기도 했다. 그래서 그 감정들을 담되 마케터 시각으로 한국의 역사를 분석했고 그에 기초해서 꿈꾸는 미래를 구상했다. 부디 '꿈꾸는 독종의 길'이 과거를 과감하게 리셋하고 한국이 열어나갈 새로운 미래의 길이 되기를 기대해본다.

이 책을 연약했지만 자식을 위해서는 강하게 살다 가신 위대한 어머님에게 바친다.

과천에서
황인선 Dream

PART 1

우리는 한국이라는 선진국에 산다

오늘의 한국을 만든 히든 에너지는 무엇인가

PART 4

대한민국 재탄생 프로젝트, '꿈꾸는 독종'

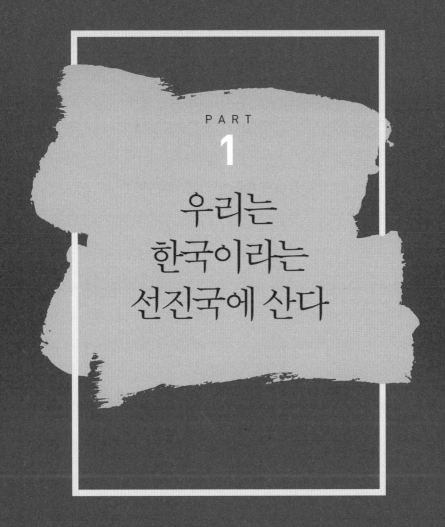

PART

1

우리는
한국이라는
선진국에 산다

인정하든, 인정하지 않든 지금 대한민국은 선진국이다. 한국의 중산층은 전 세계 상위 1퍼센트에 속하며 그 선진국들 안에서도 이미 중간 정도의 선진국 자리에 올랐다. 긍정적인 발전은 현재 자신의 모습을 인정하는 것에서부터 시작될 수 있다. 우리를 바라보는 세계의 시각은 어떤 것일까? 그리고 우리는 그것으로부터 어떤 우리의 내적인 발전 동력을 분석해낼 수 있을 것인가?

:

우리는 한국을 후진국이라고 하고,
세계는 선진국이라 한다

: 세계는 한국인이 했던 것을 '기적'이라고 부른다 :

인간에게 착시 현상은 매우 자주 일어나는 일이다. 뇌는 제한된 감각 정보를 받아들여 우리가 믿을 수 있는 현실을 구축하는데, 여기에서 주로 과거의 경험이 이용된다. 그 과정에서 뇌는 종종 오류를 일으켜 정확한 현실 구축에 실패한다. 착시가 확장되면 착각이 된다. 그리고 이 착각은 우리가 세상을 이해하는 것을 왜곡, 조작하는 단계에 이르기도 한다. 중요한 것은 이러한 착각 현상이 개인적인 차원에서뿐만 아니라 집단적으로도 발생한다는 사실이다.

한국이 선진국이라고?

한국인에게도 이러한 집단적인 착각이 존재한다. 이는 한국인 일부가 아닌, 대부분의 한국인이 가지고 있는 착각이다. 가장 대표적인 것이 바로 한국인은 단일민족이라는 것과 한국인은 외국인에게 친절하다는 것이다. 그러나 여성에게만 전달된다는 미토콘드리아 DNA를 분석하면 한국인이 단일민족이라는 것은 그다지 근거가 없고, 국제 마케팅과 관련한 배타성 조사에서 한국과 중국은 세계에서 제일 배타적인 민족으로 분류된다. '우리가 남이가'라는 정치적인 수사도 있지만 실제 혈연, 지연, 학연은 한국 사회에서 광폭한 힘을 발휘한다. 그런데 이것보다 더 심각한 집단 착각이 하나 있다. 그것은 바로 '한국은 선진국이 아니다'는 것이다.

어느 일요일 아침, 식사를 하던 도중 아내와 고등학생 1학년인 아들에게 '한국은 과연 선진국일까?'라는 질문을 한 적이 있다. 아내는 서슴없이 선진국이 아니라고 했다. 가진 자들의 탐욕, 여유 없는 삶, 자살률, 은퇴 후 복지, 지나친 경쟁 등을 이유로 들었다. 그런데 아들은 정반대의 이야기를 했다. 일단 잘 살고 먹고 싶은 것 다 먹고, IT 강국이라는 것이 이유였다. 입시 공부에 시달리는 데다 인터넷과 SNS에 한국을 부정하는 글들이 넘쳐나는 것을 감안하면 예상외의 대답이었다.

내가 이러한 질문을 했던 이유는 연세대학교 교수로 있는 친구가 저녁 식사 자리에서 말한 '한국인만 인정하지 않는 3가지'를 재미있게 들었기 때문이다. 그는 1990년 이후 20여 년을 영국에서 공부했고 영국과 호주 등에서 교수로 일했다. 마침 그 자리에는 미국에서 경제학을 공부한 친구, 스위스와 미국 등에서 오랜 파견 근무를 한 고위 공무원 친구도 있었다. 그들 역시 오랜 경험과 삶의 지식 속에서 나름의 분석과 판단 능력이 있었을 것이다. 하지만 그들도 '그 3가지'에 대해선 부정하지 않았다.

첫 번째는 한국은 세계 유일의 분단국가이고 수시로 북의 작은 도발과 핵실험 위협이 일어난다. 외국인이 보기엔 가장 위험한 나라인데도 한국인은 그것을 심각하게 인식하지 못한다는 점이다. 물론 시리아의 IS 점령 지역보다는 덜하겠지만 그래도 외부에서는 꽤 위험하게 보이는 것이 사실일 것이다.

두 번째는 세계 초강대국인 일본, 중국 등을 무시하는 거의 유일한 나라라는 점이다. 한국인들은 말끝마다 그 나라 사람들에게 '놈' 자를 붙인다. '미국놈, 러시아놈, 일본놈'이 그것이다. 수나라와 당나라의 100만 대군을 물리친 고구려의 후예이고, 백제 근초고왕 때 일본에 문물을 전수한 5000년 배달민족의 자존심 때문일까. 아니면 왕도 욕하는 한국인의 강력한 평등(?) 정신 때문일까. 어쨌든 이러한 과거의 역사와 한국인의 정신세계를 알 리가 없는 외국인들에게는 매우 놀라운 일일 것이다.

마지막 세 번째는 이젠 누가 봐도 한국은 선진국인데 한국인만이를 인정하지 않는다는 것이다. 사실은 이 마지막이 가장 인상 깊었다. 한국이 선진국이라는 생각을 해본 적이 별로 없었기 때문이다. 그러나 찬찬히 생각해보면 한국은 정말로 선진국이라고 말할수밖에 없다.

이래도 한국이 선진국이 아니라고?

한국은 올림픽과 월드컵을 연이어 치렀고, 국민소득은 거의 3만 달러에 이르고 있으며 국민 숫자가 5000만 명이 넘는 '30/50 클럽'에서 7번째 나라다. 이 정도면 충분히 선진국이다. 선진국 중에서도 하위 그룹도 아닌 중간 그룹이다. 최소한 양적으로는 무역 규모나 달러 외환 보유고가 유럽의 웬만한 나라보다 많고 통신과 교통인프라, 교육과 대학교 숫자도 세계 톱 수준이다. 한국 사회에 부정부패가 만연하다고는 하지만 일본이나 이탈리아의 정치 수준이나 부패 수준도 크게 다르지 않다. 부의 양극화도 큰 문제라고는 하지만 미국은 한국보다 빈부격차가 더 심하며 의료복지도 뒤쳐져 있다. 또 한국인들이 기부를 하지 않고 세계 빈국에 대한 원조도 하지 않는다고 하지만 실상 알고 보면 한국은 가족 단위의 상부상조 문화가 많아 통계로 기부금이 드러나지 않는 경우가 많다. 그리고 위험한 나라로 간 선교사는 미국 다음으로 많다. 특히 한국의 중산층이면 세계 1퍼센트 안에 드는 수준이다. 여러 가지 기준에서 봤을 때 한국이 선진국이라는 것은 의심할 여지가 없다.

다만 우리는 여러 가지 역사적 사건과 미디어에서 발표되는 수치로 인해서 우리 스스로를 격하시키는 경향이 강하다. 아직도 60년 전 강대국들 대리전쟁으로 인한 후유증과 위험한 분단 상태 그리고 IMF 구제 금융을 받은 치욕적인 기억을 가지고 있다. 더구나 2016년 JTBC '뉴스룸'의 고발로 그 전대미문의 흉악한 실체가 드러난 대통령의 국정농단과 측근들의 권력 전횡 사건은 '이래도 한국이 선진국인가' 회의하게 만들었다. 또한 가끔 언론에 나오는 'OECD 최하위 국가' – 교통사고, 긴 노동 시간, 낮은 생산성, 40대 사망률, 직장인 만족도 – 라는 발표는 우리를 기운 빠지게 만든다. 하지만 영국 경제 잡지『이코노미스트(The Economist)』기자인 다니엘 튜더(Daniel Tudor)의 저서『기적을 이룬 나라 기쁨을 잃은 나라』에서 지적한 것처럼, 어릴 때부터 '1등을 해야 한다'에 빠져 각 분야 세계 1등 사례만 보다 보니 항상 한국이 뒤떨어져 보이는 것도 분명히 있다.

우리가 선진국이라는 사실은 그저 우리의 자부심을 환기해보자는 차원이 아니다. 그것은 현실을 직시하자는 것이고, 그 현실로부터 미래의 동력을 뽑아내자는 것이다. 못하는 것을 잘한다고 생각하는 것도 문제이지만, 잘하는 것을 못한다고 생각하는 것도 문제다. 정확한 현실에 대한 인식 없이는 긍정적인 발전도 있을 수 없다. 2016년 10월부터 광화문 광장에서 보여준 수백만 촛불집회들의 질서와 평화 시위는 충분히 세계를 놀라게 했다. 보수 언론조차 이를 이렇게 썼다.

"대통령이 실추시킨 국격을 국민들이 일으켜 세웠다."

국민들은 여기서 다시 희망을 보았다.

우리는 분명 선진국의 국민이기에 앞으로도 더 나은 선진 국민으로 살아갈 수 있다. 모든 현실의 변화는 바로 믿음에서 시작된다. 많은 세계인들이 한국을 선진국이라고 부르는데, 정작 우리 스스로만 우리를 두고 '선진국이 아니다'라고 할 이유는 아무것도 없다.

서울의 밤,
아랍 여대생이 눈물을 흘린 이유

: 전 세계가 우리에게 묻는다. '한국의 성장 잠재력은 무엇이냐'고 :

한국을 바라보는 시선들은 어떨까? 독자들도 느끼겠지만 한국을 보는 시선들이 많이 달라졌다. '코리안 드림'이라는 말이 생겨났으며 '한류'는 국제 신조어가 되었다. 한국에는 현재 150만 명의 외국인이 살고 있고 관광객은 2016년 말 기준으로 연 1700만 명이다. 인구 대비 일본보다 많은 수치다. 국제 문화, 스포츠, 기술 교류도 부쩍 늘었다. 한국은 어느덧 '아시아의 작은 나라'가 아니라 '세계 속에 우뚝 서 있는 나라'가 되었다.

다이내믹 코리아에 반하다

　몇 년 전 일간지에 아랍 여대생이 한국에 여행을 왔다가 서울의 밤길을 걸으면서 자기도 모르게 눈물을 흘렸다는 기사가 있었다. 그녀의 나라에서는 젊은 여자가 새벽 2~3시까지 아무런 위험을 느끼지 않고 다닌다는 것은 상상조차 할 수 없는 일이었기 때문이다. 그녀는 그 단순한 경험에서 한국의 치안, 여성도 밤을 즐길 권리, 서울의 밤이 만들어내는 풍요로움을 예민하게 느꼈을 것이다.

　물론 정작 한국 여성들은 인정하지 않을지도 모른다. "그게 무슨 울 일이야? 서울의 밤은 향락 그 자체다"라고 말할 수도 있다. 하지만 인간에게 밤은 낮만큼이나 중요한 시간이다. 낮이 이성과 생산, 그리고 투쟁의 시간이라면 밤은 감성과 휴식, 관계의 시간이다. 아랍의 여성들은 그 밤을 빼앗긴 채 살아왔다. 한국은 외국 여성이 그 밤을 안전하게 걸을 권리를 보장하는 나라다.

　선진국이라는 유럽과 미국 등 많은 도시에서 10시를 넘은 밤거리는 외국 여성에게 특히 더 위험하다. 정착하지 못한 이주민, 도덕적 소수자, 추방된 자, 총기 소지자, 성도착자, 외국인 혐오자 같은 늑대인간과 뱀파이어들이 어두운 골목길과 지하철에 숨어 있기 때문이다. 지금 세계의 많은 도시들의 밤은 21세기인데도 불구하고 아직도 14세기 로빈 후드 시대의 산적들과 『해리포터』에서 나오는 볼드모트의 추종자들이 숨었던 유럽 중세의 숲과 다름없다. 그래서 두려움 없이 밤을 즐길 수 있다는 것은 세계가 두 배로 넓어지는 놀라운 체험인 것이다. 그러니 그 여대생이 눈물을 흘린 것이 이상한 일만은 아니다.

요즘 외국인들의 한국에 대한 평가를 바라보면 이 여대생만이 특별한 한국을 겪은 것 같지는 않다. 2006년 무렵 도쿄에서 개최되는 세미나에 갔었을 때 화장품 수입업을 하던 여성은 한국 남자가 일본 남자보다 훨씬 터프해서 좋다고 했다. 또 2013년에는 이탈리아 볼로냐 출신 CEO와 대화를 한 적이 있었는데 그의 딸은 아예 일본에서 한국으로 대학을 옮겼다고 말했다. 한국 문화가 일본보다 재미있고 역동적이라는 이유 때문이었다. 제주 가시리의 한 레지던스에서 만난 영국에서 온 잘생긴 아티스트 지망생도 한국에 오래 체류하고 싶다고 말했다.

실제로 한국은 외국인들에게 살기 좋은 매력적인 나라다. 각종 인기 TV 프로그램에서 그들은 한국을 부유하고, 친절하고, 역동적인 나라로 묘사한다. 인천공항과 백화점 서비스, 홍대 앞 인디 문화, 케이팝, 메트로 서비스, 아주 저렴하면서도 트렌드에 민감한 남대문과 동대문 쇼핑몰, 화장품과 성형외과, 병원 등은 현재 손꼽히는 매력 아이템들이다.

해외에 있는 지인들의 말을 직접 들어봐도 사정은 마찬가지다.

한국이 관심 국가가 된 것은 분명해 보인다. 실제로 '부산국제영화제'에는 세계에서 최초로 상영하는 프리미어 작품들이 점점 늘고 있다. 한국의 관객들이 그만큼 중요하다는 이야기다. 과천의 '거리예술제'는 매년 해외 거리공연 단체를 메인 프로그램으로 초대한다. 이 예술제를 주관하는 총감독은 "한국이 초대하면 주변에서 부러워할 정도가 되었다"고 말했다.

외국 책에서도 한국 사례가 꽤 나오고 저자들의 한국 지식도 구체적이 되었다. 한국에 책을 팔기 위한 상술일 수도 있겠지만 과거에는 그런 모습조차 찾아볼 수 없었다. 미국의 문화인류학자인 루스 베네딕트(Ruth Benedict)가 1946년 종전(終戰) 일본의 심층문화를 분석한 『국화와 칼』에는 조선 이야기가 딱 한 줄 나온다. 한국의 문물이라는 것은 다 중국에서 건너간 것이며, 일본은 한국이라는 중개자도 없이 중국과 직접 교류를 한 것으로 기술되어 있다. 반면 1998년에 씌여진 『총, 균, 쇠』의 저자 재레드 다이아몬드(Jared Diamond) 교수는 최근 특별 증보판에서 한국의 고대 일본 영향설을 과감하게 실었다. 개정판의 편지에는 이렇게 씌어 있다.

"나의 한국인 친구들이 …… 위대한 기념비인 한글로 기록된, 역사와 지리에 대한 나의 생각을 공유할 수 있어 매우 기쁩니다."

실제 내가 이탈리아 슈퍼카인 람보르기니의 라이선스 협상을 하기 위해 볼로냐 본사로 갔을 때 담당자들이 솔깃해한 제안 포인트가 있었다. 바로 '한국에서 먼저 팔리면 주위의 거대한 시장인 일본과 중국의 소비자들에게도 평판이 좋아질 것이다'라는 점이었다. 그 정도로 아시아에서 한국의 마켓 파워는 강력했다.

석학들의 한국 방문도 늘었다. 언론에서 부르는 포럼 명단을 보면 한물 간 명사만이 아니라 따끈따끈한 새 얼굴도 많아졌다. 그들이 한국에 올 때 주는 개런티도 함께 낮아졌을 것이다. 한국을 일본의 아류로 치부했던 프랑스도 최근 한국을 많이 사랑하고 있는 것 같다. 책 2000만 부 이상을 판 세계적인 베스트셀러 작가 베르나르 베르베르(Bernard Werber)부터 『왜냐고 묻지 않는 삶』의 저자 알렉상드르 졸리앙(Alexandre Jollien), 영국 작가 알랭 드 보통(Alain de Botton), 신비주의 소설을 주로 쓰는 노벨문학상 수상자 르 클레지오(Le Clezio)나 세계적인 항공 사진작가 얀 아르튀스 베르트랑(Yann Arthus-Bertrand) 등은 특히 한국을 즐겨 찾는다. 샤크 로브(Jacques Lob), 뱅자맹 르그랑(Benjamin Legrand) 등의 만화가 원작인 『설국열차』는 봉준호 감독 영화 덕분에 세계로 수출되는 행운을 누리기도 했다.

세계가 궁금해하는 한국의 성장 잠재력

마케팅계에서는 그동안 한국이 '코리아 디스카운트'로 30퍼센

트 이상 손해를 본다고 평가됐었다. 그러나 상황이 바뀌었다. 이제
는 일부 국가에서는 앉아서 30퍼센트 이상의 이익 상승 효과도 가
져오고 있다. 이른바 코리아 업(up)카운트 현상이다. 혹자는 한류를
일시 지나가는 유행으로 폄하하는 사람도 있지만, 그 파장의 힘은
사뭇 다르다. 물론 이렇게 일시적으로 문화 현상이 타국에서 힘을
얻는 경우도 있지만 한류는 다른 것 같다. 과거 1990년대에 중남미
의 레게나 살사 댄스가 한국에 일시적인 열풍을 일으켰고 홍콩의
블랙 느와르, 주윤발 등 4대 천왕이 한국의 10대~20대들의 마음을
훔쳤던 것과는 그 여세가 다르다는 이야기다.

한류에 이어 '신(新)한류'로 진일보하는 것도 청신호다. 한국에
대한 외국의 관심은 여기서 그치지 않는다. 심지어는 신화까지 미
치고 있다. 2007년 무렵 외교통상부가 주관하는 '한국-중앙아시
아 교류 세미나'에 참석했던 적이 있다. 한국의 젊은 여자 감독이
우즈베키스탄 신화를 활용한 단편 영화를 발표했다. 곧이어 자유
발언이 이어졌는데 그중 우즈베키스탄 출신의 한 기업 회장이 이
런 얘기를 했었다.

"미국이나 유럽은 우리들로서는 수용하기 부담스럽다. 역사와
문화가 공유되는 한국이 우리들의 파트너가 되기를 희망한다."

그들의 과거 역사는 휘황찬란하다. 13세기 이후 세계를 공포에
떨게 했던 몽고의 칸 제국이거나 돌궐족의 후예들이다. 그들이 우

리에게 먼저 손을 내밀고 있는 것이다.

　이제는 이러한 경향이 아프리카에도 감지된다. 400만 년 전부터 인류의 조상 대륙인 아프리카, 그들과의 경제적 제휴도 한 단계 도약하고 있다. 한 중앙일간지 기사에는 고(故) 넬슨 만델라 대통령이 꿈꾼 '아프리카 자립'을 한국의 힘으로 이룩하자는 놀랄 만한 제안이 있었던 것으로 나온다. 만델라가 고향 쿠누(Qunu)의 자택을 찾은 한국 기업인에게 "한국이 아프리카인의 자립을 위해 공업단지를 조성해주면 좋겠다"라고 했다는 것이다. 여기에는 한국이 1970년대에 성공했던 새마을운동 원리도 일부 접목된다. 현재 2030년을 목표로 '범아프리카 한국형 산업단지 구축 프로젝트'가 추진되고 있다고 한다. 한국이 그동안 쌓아온 경험과 기술을 바탕으로 아프리카에 공단을 세워 빈곤 퇴치, 시장 개척, 좋은 일자리를 창출하고자 하는 사업이다.

　세계의 선진국들은 모두 다른 국가들에게 특정한 선물을 해왔다. 미국은 '개방성과 자유에 대한 꿈'을, 영국은 민주주의 제도를, 프랑스는 예술에 대한 열정을 선물했다. 한국은 이제 세계에 새로운 제3의 성장 모델로서 희망을 주고 있다. '한국은 자원도 적고 분단된 나라, 독재 시기도 거친 나라, 하지만 제국들처럼 식민지 약탈도 없었는데 산업화와 민주화를 이룬 나라'로 인식되고 있다. 그리고 그들은 이제 한국에게 '도대체 그 비결이 뭔가요?'라고 묻는다. 우리가 우리의 성장을 자화자찬하는 것을 넘어 우리 스스로의 성장 잠재력을 파헤쳐야 하는 것은 바로 이런 이유이기도 하다. 그래야만 우리도 그들에게 선진국으로서의 선물을 줄 수 있기 때문이다.

왜 우리는 스스로를
선진국으로 인정하지 못할까

: 이제, 한국은 '피터팬 신드롬'에서 벗어나야 할 때 :

이 문제에 답하는 것은 현재 한국의 구조적 상황과 모순점을 파악하는 또 하나의 중요한 관문이라고 할 수 있다. 이 질문을 통해서 현재 소위 '선진국'을 바라보는 한국인들의 심리적 상태를 알 수도 있다. 이는 크게 4가지 차원에서 살펴볼 수 있다. 이 과정을 통해서 우리는 스스로를 보다 깊게 이해할 수 있을 것이다.

한국이 선진국이면 나는 무능력자가 된다?

한국의 성장은 빨라도 너무 빨랐다. 소년기를 지나 사춘기에 있던 아이들은 어느 날 자신의 몸이 갑자기 어른이 되었다는 사실에 놀라고 이를 부정하려는 경향이 있다. 자신도 잘 모르는 자신에 대해서 어른들은 이렇게 말한다.

"너도 이제 어른이 되었구나. 그럼 이제 어른 값을 해야지."

이런 말을 들으면 당황스러울 수밖에 없다. 어른이 되면 이제까지 받았던 보호는 갑작스레 사라지고 어느덧 새로운 의무감이 생긴다. 그러다 보니 한동안은 익숙했던 자신의 어린 시절로 돌아가고 싶어진다. 심리학에서는 이를 '피터팬 신드롬'이라고 한다. 이는 정신적으로 준비가 안 된 가운데 이룬 너무 빠른 성장 때문이다. 비유하자면, 시간이 다른 지구 반대쪽에서 하루 종일 비행기를 타고 여행했을 때와도 비슷하다. 이른바 시차 적응이 안 되는 것이다. 한국이 선진국임을 인정하지 못하는 것은 너무 빠른 성장을 해왔기 때문이다. 1960년대에만 해도 필리핀이나 케냐보다도 가난했던 상황에서 어느덧 세계에서 가장 빠른 속도로 선진국에 진입하다 보니 이러한 피터팬 신드롬이 생겼다.

한국인들이 스스로를 선진국이라고 인정하지 않는 또 하나의 이유는 지나친 양극화 현상 때문이기도 하다. 현재 한국의 전체적 부

(富)는 선진국 수준이지만 지나친 부의 쏠림 때문에 '1퍼센트 대 99퍼센트 논쟁'이 생겨나면서 대다수의 국민들이 심리적인 박탈감과 빈곤감을 느끼면서 자신들이 선진국에서 살고 있지 않다고 생각한다. 그들이 생각하는 선진국은 분배가 공정하게 이루어지는 나라이기 때문이다. 그런데 현실은 그렇지 않으니 받아들일 수가 없다. 한국의 많은 소외층들은 '한국이 선진국인데 나는 왜 이렇게 살고 있지? 그럼 나는 무능력자이거나 소외층인가? 이건 말도 안 돼'라는 반발 심리를 가지고 있다. 그러니 한국이 선진국임을 부인해야 자신이 '무능력자이거나 소외층'이 되지 않는 것이다.

또 다른 이유는 '선진국'에 대한 이미지와 한국의 현재 이미지가 너무 다르기 때문이다. 특히 이는 여자들에게서 자주 보이는 현상이기도 하다. 상당수의 여자들은 영국, 프랑스, 미국, 스웨덴, 캐나다 등을 선진국이라고 생각하고, 또 그곳에 사는 여성들과 자신들의 상황을 비교해 보고서는 '한국은 선진국이 아니다'라는 결론을 내린다. 한국은 그녀들이 기대하는 것에 비해 여성의 경제참가율도 낮고 '한국 아줌마들'이라는 표현에서 엿볼 수 있듯이 사회적 성차별도 심각하다. 더 나아가 가정에서는 남편에게서조차 '집사람'으로 불리기도 하고, 남성과 동등한 여성으로서의 성적 존엄을 아직까지 충분히 인정받지 못한다. 그러니 '프랑스 여자'나 '영국 여자'와 같은 자존감을 획득하지 못하고 결국 이는 '한국은 아직 선진국이 아니야'라는 결론에 다다르게 된다.

'어른 값'을 부담스러워하는 권력층과 지식층

한국 권력층과 지식층이 한국이 선진국임을 인정하는 데서 비겁하거나 나태한 것도 또 다른 이유다.

먼저 권력층이라 할 수 있는 한국 언론이나 정치권은 G20 국가 중 각 부분에서의 '세계 1위'라는 수사는 좋아하지만, 정작 그 결과로 인해 한국이 이미 선진국이 되었음을 별로 드러내고 싶어 하지 않는다. 그럴 경우 국제적으로 책임질 부분이 갑자기 많아지기 때문이다. 실리 관점에서 보면 꽤 부담스러운 것이다. 말 그대로 '어른 값'을 해야 하는데, 그 비용을 지출하기에는 지나치게 인색하다. 스스로 선진국임을 인정하게 되면 국제 기금 출연은 물론이고 평화군 파견, 탄소 배출권까지 선진국 수준으로 지불해야 한다. 하지만 국가 총 예산의 23퍼센트나 되는 비용을 국방비로 지출해야 하는 세계 유일의 분단국가라는 상황에서 굳이 선진국 행세를 할 필요는 없다는 것이다. 뿐만 아니라 국내적으로는 법인세 인상, 대학교 등록금이나 학교 급식비 무료화, 노인 연금 등의 분야에서 선진국 수준의 분배 공정성을 확보해야 하는데, 역시 보수적인 기득권층에서는 이마저도 부담스러운 일일 수밖에 없다.

마지막 이유는 한국의 지식인들이 가진 태도의 문제다. 특히 인문, 사회, 경제경영 분야의 대학 교수들은 대부분 미국에서 교육을 받았다. 한국 지식 사회 자체는 미국 중심적이며 그들은 미국에서 배웠던 것들을 한국에 적용하려고 한다. 그들이 보기에 자신이 공부했던 미국은 당연히 선진국이며 그렇지 않은 한국은 그저 열등한 나라에 불과하다. 기업 경영과 마케팅 분야에서 특히 이 셀프 자조 현상은 두드러진다. 꼭 그럴 필요가 있을까? 지금의 인도는 아직 미국과는 비교가 되지 않지만 인도의 최대 기업 그룹인 타타의 라타 엔 타타(Ratah N. Tata) 회장은 자신이 미국 GE의 잭 웰치(Jack Welch)와 비교되는 것을 거부한다. 잭 웰치 모델은 간디부터 확립된 인도의 아힘사(ahimsā: 살아 있는 모든 것의 불살생), 아슈람(ashram: 수도장) 정신과는 달리 비인간적이기 때문이다. 세계 경영계가 현재는 중국 뒤에 가려진 인도를 무섭게 보는 이유가 그것이다.

　한국 교수들은 논문 발표 건수도 적지만 그 논문들의 피인용 건수도 아주 적다. 별로 독창적이지 않기 때문이다. 즉 '미국=선진국'이라는 전제가 형성되어 있는 만큼 '한국=선진국'을 받아들이기는 쉽지 않다. 그러나 지식인들의 이러한 태도에 대해서는 많은 합리적인 반론이 가능하다. 한국에는 세계에서도 유래를 찾아볼 수 없는 독창적인 사례가 많기 때문이다. 필자가 전공한 마케팅과 경영 분야만 해도 한국은 세계가 참고하거나 배울 만한 우수 사례가 많다. 한국 재벌의 경영 방식을 '선단식 경영(船團式經營: 계열사끼리 서로 밀접하게 연결되어 하나의 기업처럼 활동하는 그룹 경영 형태)'이라고 비판할 수 있지만 이는 다른 각도에서 보면 전략적 경영으로 인정받는 방식이기도 하다. 당장 과거로 보면 세계에서 가장 과학적인 글자인 한글과 구텐베르크 인쇄술보다 앞서는 갑인자 그리고 세계 최초 철갑선인 거북선부터 최근에는 세계에서 유례없는 한류를 기획한 케이팝 사례, 죽은 땅을 살린 남이섬 프로젝트, 아이팟과 페이스북보다 먼저 만든 아이리버와 아이러브스쿨, 전 세계적으로 높은 평가를 받고 있는 전자 정부 시스템, 교통 지불 시스템 등도 있다. 따라서 이 모든 것을 감안한다면 지식인들이 생각하는 것만큼 '한국=열등한 국가'라고 규정 내리기는 쉽지 않다.

한국이 피터팬 신드롬에서 벗어나야 하는 것은 단지 객관적인 현실에 대해서 '인정할 것은 인정하자'는 차원이 아니다. 이러한 인정이 있어야만 그다음에 우리가 이상적인 모델로 삼고 있는 진정한 선진국이 될 수 있기 때문이다. 지나친 속도감 때문에 선진국임을 인정하지 못했다면, 이제 선진국임을 인정하고 그 속도감 때문에 놓친 것들을 수정 보완해야 한다. 권력층과 지식 사회가 양극화 문제 때문에 선진국임을 인정하지 못한다면 국민들이 먼저 우리가 선진국임을 인정하고, 그에 맞는 합당한 처신을 하면서 양극화 문제를 해결해 나가야 한다.

　세계는 이미 한국을 달리 보고 있다. 그들은 한국을 배우려고 하고, 한국에서 또 다른 희망과 비전을 찾아내려고 한다. 그런데 이 상황에서 아직까지 '나는 아직 어른이 아니에요'라며 자기 비하를 할 필요는 없다. 어른임을 인정해야 진정 어른이 갖춰야 할 지혜와 책임감이 생기기 때문이다.

아시아를 넘어서
세계적인 한류 문화로

: 한국인들이 만들어가는 새로운 마켓과 타운 문화 :

'선진국'이라는 의미를 꼭 경제적인 측면에서만 규정할 수는 없다. 물론 그것은 매우 중요한 지표이기는 하지만 문화적인 측면에서 살펴보는 것도 매우 중요하고 꼭 필요한 일이다. 아무리 돈이 많아도 부자로서 갖춰야 할 도덕이나 문화가 없는 사람들을 존경할 수는 없는 법이다.

이제 문화적으로 한국이 어떻게 변하고 있으며 그것이 어떻게 경제, 경영과 연결되면서 새로운 시너지 효과를 내는지 살펴볼 필요가 있다. 사실 한국은 많은 문화적 장점들을 가지고 있다. 지시보다는 자율성이 습관이 된 나라이며, 전통에서 미래를 끌어내는 나라이며, 과시보다는 내실을 따지는 나라다. 또한 혼자 가는 것보다는 같이 가려는 사람들이 많은 나라다. 더불어 소비가 중심인 경제보다 창의적 생산과 공정한 분배가 경제의 우선인 나라이기도 하다. 이러한 사례를 마켓과 타운 분야에서 한번 살펴보자.

마켓에 대한 한국인들의 새로운 시도

과거 마케터나 재래시장 전문가들은 베스트셀러 『펄떡이는 물고기처럼』에서 소개된 시애틀 시 소재의 파이크 플레이스 마켓(Pike Place Market)을 동경했고 벤치마킹하러 많이들 다녀왔을 것이다. 물론 상인들의 힘으로 시장을 살려내고 현재도 대단히 인기 있는 관광지 마켓이다. 그러나 현재 꼭 그곳을 쳐다볼 필요민은 없다. 한국에도 멋진 신개념 마켓들이 생겨나고 있기 때문이다. 혹시 양평 리버마켓을 가보거나 들어는 보았는가.

필자는 최근에야 양평에 있는 '문호리 리버마켓'을 보고 정말 신선한 충격을 받았다. 보다 객관성을 확보하기 위해 문호리 리버마켓에 대해 쓴 다른 이들의 글을 먼저 보도록 하자. 우선 『소농은 혁명이다』를 쓴 저자이자 농부인 전희식 씨가 쓴 글이다.

"문호리 리버마켓은 요즘 유행하는 협동조합을 훨씬 뛰어넘는 체제로 보였다. 동아시아 고대 장터인 '호혜(互惠)시장과 신시(神市)'에 가까운 것이었다. 필요 이상의 축적을 금하며 잉여를 공동체로 환원하는 시장, 개인의 자유와 자율이 사회집단과 조화를 이루는 '배달화백' 체제 말이다. 조직화의 과정, 운영 방식, 지도력, 개인의 개성과 집단 규범간의 조화, 고대 직접 민주주의, 권력과 권위의 형성 문제, 진입 문턱과 개방성 등 참으로 많은 것들을 생각하게 해주었다. 이런 모범을 만들어가는 그분들에 대한 존경을 금할 수 없었다."

이 정도의 평가를 내릴 수 있는 그는 아마도 시장과 공동체 그리고 농사에 대해서 상당한 공부의 양을 축적한 것 같다. 그가 다소 헤비하게 표현을 했다면 주부 독자들을 위한 다음과 같은 가벼운 소개도 있다.

"양평 문호리 리버마켓에서는 농민들이 직접 생산한 유기농 농산물부터 수제쿠키, 목공예품, 생활용품 등 시중에서는 쉽게 볼 수 없는 제품들을 구입할 수 있다. 여기에 리버마켓 곳곳에서 열리는 인형극, 패션쇼, 경매 등 가족과 함께 나들이를 즐길 수 있다는 점도 주부들 입장에선 매력적인 점이다. 문호리 리버마켓은 최근 주부들이 제품을 구매하는 공간을 넘어서 자신의 재능을 발휘해 제품을 제작하고 판매할 수 있는 공간으로도 인기를 얻고 있다."

이 마켓을 직접 보지 못한 사람들은 이 표현들이 꽤나 생소할 수도 있다. 하지만 그 현장을 직접 본다면 한국 마켓이 얼마나 혁신적으로 변하고 있는지를 직접 경험할 수 있을 것이다. 이 마켓은 외국의 특정한 곳을 본 따 만든 마켓이 절대 아니다. 또한 유통 전문가나 마켓 전문가가 기획한 것도 아니다. 88서울올림픽, 2002 한일 월드컵, 여수 엑스포의 무대감독을 했던 사람이 현지에 농사, 공예, 문화 등에 재능 있는 분들이 많은 것을 보고 착안했다.

처음에는 그저 6~7명이 만든 작은 자율 마켓에 불과했다. 지금은 150명의 셀러(seller)들이 있지만 운영본부나 전담 직원 같은 것은 없다. 모든 것들은 시민들이 스스로 알아서 할 뿐이다. 마켓의 운영비는 그날 수입에서 본인들이 알아서 비용을 내고 마켓이 끝난 후에는 이른바 '끝장토론'이 이어진다. 문제가 있으면 그 자리에서 합의를 통한 해결을 이뤄내고 다음 마켓을 위한 테마를 결정한다. 이렇게 하는 것은 진부함을 막고 계속되는 창의성을 보여주기 위해서다.

이 마켓에는 또 특이하게도 '병아리 마켓'이란 것이 있다. 5세에서 15세 정도까지의 어린 셀러들이 직접 참여하는 마켓이다. 이 아이들은 자연스럽게 생산과 판매를 배운다. 이 시장은 많은 것에서

'열린 자율 공동체 마켓'이라고 평가할 수 있다.

골목과 예술이 만날 때

'종로구 필동'이라고 하면 어떤 이미지가 떠오르는가? 어떤 사람들은 '냉면'을 떠올릴 수도 있을 것이고 또 어떤 이들은 출판, 인쇄, 광고, 영화의 중심지로 이미지화할 수도 있다. 최근 이러한 흔적들마저 조금씩 사라지는 가운데 이제는 거리 미술관(street museum)으로 탈바꿈하고 있다.

필동 24번가 모퉁이에 공중전화 박스처럼 놓여 있는 '모퉁이' 미술관은 아래위로 길게 난 창을 통해 작품을 들여다보게 하는 독특한 형태를 갖췄다. 남산 한옥마을 안에도 '우물', '이음', '골목길' 등 3개의 미술관이 자리 잡았다. '우물'은 전통적인 우물 형태로 땅을 깊이 파 작품을 위에서 아래로 내려다보는 색다른 경험을 할 수 있다. '이음'은 옆으로 길게 난 창을 통해 주변 자연이 액자 속 풍경처럼 담기는 길이 10미터, 높이 3미터의 미술관이다. '골목길'은 말 그대로 골목길에 들어선 듯한 느낌을 주는 미술관이다.

전시 장소를 찾기 어려웠던 작가와 예술과 가까워지기 어려웠던 일반인이 이렇게 골목에서 불쑥 예술을 만날 수 있게 한 장본인은 핸즈 BTL 미디어 그룹 대표 박동훈 씨다. 사비를 털어 이 일을 하고 있는 그는 경남 산청에서 중학교를 졸업하자마자 무작정 상경한 뒤 넝마주이, 분식집 배달, 납땜 등 닥치는 대로 흔히 말하는 독종처럼 일을 하다가 우연히 만화영화를 배웠고 뒤이어 인쇄소, 우드락 회사에서 일하다 광고회사로 옮기면서 디자인으로 성공했다. 그런 그가 필동에서 보낸 광고 인생 30년에 대한 보답으로 필동 일대를 거리 미술관으로 만드는 일을 시작했다고 한다. 그는 '내가 이런 성공을 누릴 자격이 있는가?' 하고 의문을 던지다가 결국에는 '그렇다면 내가 뭘 해야 될까?'를 생각했다고 한다. 그는 해외에서 벤치마킹을 한 적도 없고, 누군가에게 기획을 배우지도 않았다. 그는 자기가 좋아해서, 해야 할 것 같아서 방법을 찾고 자기가 제일 잘 할 수 있는 방식으로 길을 열었다. 그 결과는 공동체에게 좋은 것이었고 아름다운 것이었으며 그 결과 시민들이 문화를 더욱 가깝게 느끼고 즐길 수 있게 되었다. 그리고 이렇게 작은 질문에서 시작한 일들은 선진국도 도전하지 못하는 한국의 독창적인 문화를 만들어 나가고 있다.

나는 최근에 후배들에게 위의 두 장소를 주로 가보라고 추천한다. 그러나 물론 위의 두 사례가 전부일 리는 없다. 이미 10년 전부터 이러한 문화적인 움직임은 다양한 곳에서 다양한 형식으로 그리고 자율적으로 생겨나고 있었기 때문이다. 공동체 운동인 변산 생태마을 운동, 문턱 없는 밥집, 홍대 앞 예술 타운, 문래동 철공소

예술 타운, 마포구 성미산 마을, 통영 동피랑 벽화 마을, 광주 양림동 펭귄 마을, 평창 감자 꽃 스튜디오가 있으며 공간 재생 프로젝트로 남이섬 프로젝트, 자라섬 재즈 페스티벌, 제주도 돌하르방 공원 등이 있다. 자율 교육 공동체 운동으로는 부산 인디고 서원이 있으며 농사와 요리가 필수인 간디 학교, 단추를 팔아 평생 모은 돈을 쾌척해 만든 인문·과학·예술을 아우르는 교육기관 건명원, 그리고 농사와 이야기 그리고 디자인이 있는 전주 남부시장 청년몰, 여기에 마르쉐@혜화, 연남시장도 있다. 최소한 필자가 알고 있는 것만 해도 이 정도다. 이들은 오로지 스스로의 힘으로 한국의 공동체 문화 + 경제 지형도를 바꿔나가고 있다. 이러한 변화는 공공 기관 주도의 새마을운동이 한창이던 1970년대와 대기업 중심의 성장 일변도였던 1980년~90년대와는 전혀 다른 양상이다. 이들 시도의 특징은 자율, 공동체 중심, 가치에 대한 교육, 문화와 경제의 융합으로 요약될 수 있다.

나는 독자들에게 일본 베네쎄 그룹이 주도한 예술섬 프로젝트 나오시마 섬(시코쿠 카가와 현)만 부럽다고 하기 전에 먼저 이 장소들을 한번 둘러보기를 권한다. 그리고 생각해보라. 어느 모델이 더 한국적이고 지속가능하며 접근 가능한 모델일지.

문화는 한 국가의 성숙도를 나타내는 것은 물론이고 '생각의 혁신'을 알려주는 바로미터이며, 국민들이 지향하는 가치를 올곧게 반영하는 지표이기도 하다. 그런 점에서 기존의 선진국을 뛰어넘는 한국의 새로운 문화들은 분명 독창적임에 틀림없다. 그리고 이러한 문화의 싹이 피어나고 있다는 것은 곧 우리가 또 하나의 '문화 선진국'으로 도약하고 있음을 알려준다.

누가 한국의 성장을
주도했는가

: 미국, 대기업, 관료들은 부차적 발전 동력이었을 뿐이다 :

한국이 유례없는 성장을 했다는 것은 세계의 많은 석학들과 대통령들이 인정하는 바다. 이제 중요한 것은 '어떻게 최단기간 내에 선진국이 되었는가'를 밝히는 일이다. 기적을 이룬 한국을 바라보는 나라들이 많고 세계의 도움을 여러 모로 받은 바 있는 한국은 그에 대해 설명을 해줘야 할 의무가 있다.

물론 이제까지 전문가들에 의해 적지 않은 원인들이 제시되어 왔다. 그러나 그것은 기록과 계량적인 것들에 근거한 것들이다. 그래서 한국의 기적적인 성장에 대해서 정부 관료와 대기업들이 그동안 과장되게 자기 자랑을 해온 것도 사실이다. 그들의 훌륭한 공은 분명 인정되어야 하지만, 정부와 기업의 힘만으로 선진국이 됐다고 볼 수는 없다. 인도네시아나 브라질 등은 삼성이나 LG 수준의 대기업 군들이 있지만 아직 선진국이 아니다. 덴마크나 이스라엘 등은 정부는 탁월했지만 한국의 재벌 같은 대기업 군이 별로 발달하지 않았음에도 선진국이다. 이것들을 어떻게 설명해야 할까.

또한 관료와 대기업들이 공을 이뤄온 만큼 그들이 행한 결과의 부작용도 만만치 않다. 따라서 그들이 성장에 대한 드라이브는 걸었지만 결정적 원인은 아니라고 보아야 한다. 보수와 진보는 각각 산업화와 민주화에 대한 성취를 들어 자신들의 공을 말하지만 그것 역시 결정적 답이 되긴 힘들다. 그런 정도의 투쟁은 상당수의 나라에서도 있어왔기 때문이다.

우리는 스스로 성장해왔다

한국의 기적을 이룬 데는 무엇이 주효했던 것일까? 우선 흔히 말하는 6.25 전쟁 직후 '미국의 원조 효과'를 들 수도 있다. 하지만 제2차 세계대전 후 한국만 원조를 받은 것은 아니다. 전후 유럽은 미국의 마셜플랜*으로 현재가치로 따져 120억 달러(제2차 세계대전 당시 코카콜라 한 병 가격이 5센트였다)를 원조 받았다. 일본, 필리핀, 아프리카나 남미 제국 등도 다양한 형태로 원조를 받았다. 그러나 그로 인한 성과와 결과는 다르고 오히려 성공하지 못한 나라가 더 많았다. 그러니 미국의 원조를 한국의 결정적 성장 원인으로 볼 수는 없다. 그렇다면 일부 보수적인 사람들이 말하는 것처럼 '군사 정권의 개발독재 효율성' 때문일까? 이 주장도 좀 부족하다. 아프리카나 남미, 동남아 등 개발독재 국가들은 대부분 성공하지 못했기 때문이다.

결과적으로 진정한 성장 동력은 원조나 정치체제라는 외적인 것보다는 그 모든 것들을 통합해서 화학적 반응을 냈던 한국의 내적 능력에 있을 가능성이 높다. 그것은 바로 휴먼 파워, 전통문화, 기질과 사상 등이다.

1980~2000년대 노키아나 GM, 코닥, 모토로라 등의 성공을 보면서 전문가들은 그들의 성공을 독보적 기술이나 유연한 생산구조와 중가대 모델, 6시그마 운영체제 등에서 찾았다. 그리고 그것에 열광해서 벤치마킹을 했지만 그런 성과는 얻지 못했을 뿐더러 아이러니하게도 그 기업들은 지금 파산하거나 인수합병 또는 정부

---

* 1947년부터 1951년까지 미국이 서유럽 16개 나라에 행한 대외원조계획으로 정식 명칭은 '유럽부흥계획'이다.

수혈을 받아야 할 정도로 위기 상태에 빠졌다. 왜 그랬을까? 전문가들은 그들이 환경 변화에 적응하지 못했고 도덕적 헤이에 빠졌기 때문이라고 본다. 환경 변화에 적응하고 도덕적 헤이에 빠지지 않는 조직 문화는 바로 조직의 내재적 힘에 관한 것이다. 이제 우리는 그 내재적 힘, 즉 전통, 정신력, 문화 등에 주목해야 한다. 마찬가지로 대상을 넓혀보더라도 한 국가의 성장에 대한 답은 대체로 내적인 것에 있기 마련이다.

예를 들어 인도는 고대 그리스 로마까지 영향을 미친 오랜 문명국이고 수의 관념은 독보적이었으며 사상적으로는 '인류의 스승'이라는 평가를 받는다. 그러나 20세기 초 영국이 인도 현지에 최신 방직 공장을 만들어 가동해도 공장 효율성은 영국의 3분의 1 수준에도 미치지 못했다. 인도 근로자들은 낮은 교육과 지식, 투지 없는 직업관 그리고 내세 중심의 종교관과 근대 불량 등으로 직업 효율이 오르지 않았기 때문이다. 필리핀이나 아르헨티나 등은 전쟁 후 한국보다 잘 살았고 미국의 지원을 받았으며 자원도 풍부했고 독재자가 지배했다. 하지만 그들은 지금 한국과 비교하기조차 힘들다. 한국은 다음과 같은 다양한 원인들이 성공의 시너지를 일으켰다고 볼 수 있다.

• 선국후민(先國後民), 선작후보(先作後補)의 국가관리

- 광범위한 국민 교육

- 천 년 통일 국가의 자부심 DNA

- 유별난 가문 의식

- 지식 존중과 학습 전통

- 탁월한 모방 능력

- 현세 중심 인생관

- 부와 출세에 대한 놀라운 열망

- 지독한 생존 근성

이러한 것들은 한국이 다른 나라들과 대비해서 더 강하거나 특이한 세계관과 기질, 능력이라고 할 수 있다. 이 중에서도 다른 것과 약간 차별화되는 것이 첫 번째인 '국가 관리의 방식'이었다. 이는 한국인의 내적 기질이라기보다는 파워 엘리트였던 관료들이 주도했기 때문이다. 특히 선국후민(先國後民), 즉 '국가가 먼저, 그다음이 국민'이라는 성장 중시형 모델 적용과 선작후보(先作後補), 즉 '먼저 저지르고 나중에 보완한다'는 일의 방식이 매우 주효했다. 이는 전후 60년을 관통한 차별적인 국가 운영 기조이기도 했다.

36년간 나라를 빼앗겼고 3년간 대리전쟁을 경험하여 모든 것이 파괴되고 절대 가난했던 한국인은 많은 이념 싸움에도 불구하고 결국 나라를 강하게 하고 그다음에 국민이 배분받는 이 구조를 받아들였기 때문에 가능한 관리 기조였다. 이것은 새마을운동과 1962년부터 실행한 경제개발 5개년 계획, 중화학 공업과 인프라 구축을 중심으로 한 일사불란한 경제 성장 올인에 주효했다. 식민지를 경험한 나라들에서는 쉽게 보기 힘든 성장 방식이었다.

하지만 이러한 국가 관리 방식을 제외하고는 대부분이 한국인의 특성과 기질에서 오늘날 한국의 발전을 설명할 수 있다. 즉 관료들이 다소 효율적으로 성장을 촉발시켰고 이에 능동적으로 호응했던 수많은 국민들이 있었기에 기적적인 성장이 가능했다는 이야기다. 지난 정권에서의 상식 없는 대통령과 청와대 비서관들, 그리고 최씨 일가 등 한줌 불의한 자들이 망가트린 한국의 격과 희망을 다시 세운 위대한 세력이 누구던가. 멀리는 의병, 가깝게는 독립운동가 그리고 더 가깝게는 IMF 위기 때 금 모으기 운동을 하고 태안반도 기름띠 제거에 조건 없이 참가한 국민들이다. 이들이 문화 한류 융성, 붉은 악마 캠페인을 한 주체들 아닌가.

이러한 사실에서 우리가 얻을 수 있는 교훈은 앞으로 우리가 찾아내야 할 또 다른 성장 동력 역시 우리 안에 있다는 점이다. 정치가 국가를 좌우할 수 있고, 불안한 경제가 그 성장가도의 방해가 될 수도 있다. 하지만 결국 궁극적으로 한국의 국민만이 대한민국을 바꿀 수 있다는 점을 믿어야 한다. 우리 내부의 성장 주도력을 찾아내야 하고, 그것을 새로운 미래 방식에 맞게 다시 실천해야만 할 것이다.

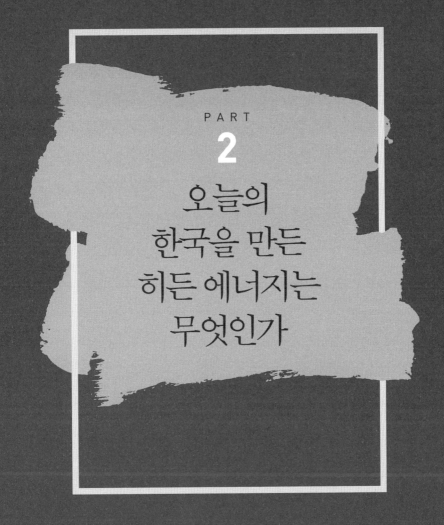

PART

2

오늘의
한국을 만든
히든 에너지는
무엇인가

세계적으로 유명한 프랑스 소설가인 베르나르 베르베르가 최근 한국의 한 언론사에
서 주관하는 콘퍼런스에 참여한 적이 있다. 그는 무대 위에서 "오늘날 한국의 성장을
이끈 것에는 아주 특별한 에너지가 있고, 나는 한국 사람들을 만날 때마다 그런 에너
지를 느낀다"라고 말했다. 하지만 그는 아직 그 에너지가 어떤 것인지 구체적으로 말
하지는 못했다. 아마도 외국인인 그가 우리의 독특한 에너지를 분석해내는 일은 무척
힘든 일일 것이다. 결국 우리는 앞으로도 우리의 성공 에너지를 우리 스스로 찾아내야
만 하고 그것을 구체적으로 표현할 수 있어야 한다. 나는 그것을 '히든 에너지'라고 부
르며 이제 다양한 방식에서 조명하려고 한다.

:

'가문의 영광'을
위하여

: 뜨거운 교육열과 그 안에 숨어 있는 가문 의식 :

가혹하다 싶을 정도의 교육열과 지독한 생존 근성은 우리의 큰 자산이었다. 세계사에 유례없는 국민 단위의 교육열은 1970년대 대학교를 상아탑에 빗대 우골탑(牛骨塔)*이라 불렀고 4시간 자면 합격하고 5시간 자면 떨어진다는 4당5락 신화, 가난함에도 불구하고 인구 대비 미국에 가장 많은 유학생이 있는 것 등에 그대로 드러난다. 누군가는 이것을 '학이시습지 불역열호(學而時習之 不亦說乎)'**를

---

* 가난한 농가에서 소를 팔아 마련한 학생의 등록금으로 세운 건물이라는 뜻.
** '배우고 익히면 기쁘지 아니한가'라는 뜻.

가르친 공자의 사상에 영향을 받은 것이어서 유교 국가에 공통적으로 나타난다고도 말할 수 있다. 하지만 그럼에도 오바마 전 대통령이 자신의 뿌리인 케냐에 가서 배우라고 한 나라가 다른 유교 국가의 전통을 가진 나라가 아니라 한국이라는 점은 눈여겨 볼만 하다. 이는 곧 한국의 교육열이 단연 지독하기 때문이다. 따라서 한국의 교육열에는 유교적 전통 이외의 또 다른 무엇인가가 있을 수밖에 없다.

가문의 가치에 종속된 개인의 가치

한국인은 나보다는 가족, 공동체 의식이 매우 강하다. 그것을 단적으로 보여주는 언어 표현이 '우리'다. 우리는 담을 뜻하는 울타리, 짐승들을 가두어 두는 공간인 우리와도 어원을 같이 하는 말로 추정되는데, 그 어원에서 추정한다면 우리는 집단적이고 안전하기는 하지만 개방적이지 않다.

어떤 외국인에게 한 남자가 자기 아내를 '우리 아내(Our wife)'라고 해서 그 외국인이 기겁했다고 할 정도로 한국인은 우리라는 말이 입과 사고에 배어 있다. 집도 마이 홈이 아니라 아워 홈(실제로 이 이름의 외식 체인점도 있다)이라고 말해야 편하고, 한국에서 가장 큰 은행도 이름이 '우리은행'이고 과거의 야당 이름도 '열린우리당'이었다.

한국인들에게는 수천 년간 문화 국가로서의 자존심과 여기에서 발생한 '우리가 어떤 집안인데'라는 가문 의식이라는 것이 있다. 전통적인 우리 의식이 조선 시대 유교의 가문 문화와 맞물리면서 더 강해진 것이 바로 이 가문 의식이다. 양반 가문만 있는 것이 아니다. 양반이든 상민이든 자기 가문 모시기 문화가 대단한 나라가 바로 한국이다. 유럽은 지금도 귀족과 평민이 명확하게 나누어지지만, 주어진 신분을 거부하고 반란을 꾀하는 나라가 한국이다. 한국에서 흔히 쓰는 '가문의 자랑'이라는 표현을 보면, 한국 가문은 특히 드러내는 것에 초점을 맞춘다. 시골 마을에 한 수재가 서울 명문대를 들어가거나 고시에 합격하면 마을은 이를 드러내 축하 플래카드를 건다. 일본의 장인 집안이 무엇인가를 드러내지 않고 조용히 지켜가는 것에 초점을 맞추는 것과는 사뭇 다른 모습이다.

이러한 가문 의식, 즉 나보다 더 중요한 무엇인가를 지키려는 마음은 개인에게 큰 힘을 발휘하게 한다. 자살률을 낮추는 방법으로 정신과 의사들이 요즘 조언하는 포인트가 있다. 그것은 자기 생명보다 타인의 생명을 존중하라고 가르치는 것이다. 그럴 때 사람들은 자기 생명도 소중히 여기기 때문이다. 금연 캠페인에서 흡연자에게 자신을 위해서 담배를 끊으라 하면 별로 통하지 않지만 소중한 아이를 위해서 끊으라 하면 금연율이 높아지는 것이 동일한 맥락이다.

가문을 위할 때 개인은 힘들어도 울지 않고 괴력을 발하는 독종이 된다. 집단생활을 하는 곤충 중에 개미, 그중 창고 개미가 가문을 위한 희생은 매우 인상적이다. 창고 개미들은 꿀을 자신의 배에 채워놓는데 오랜 세월에 거쳐 진화한 모양이 마치 꿀 창고처럼 부풀어 있다.

개미들은 필요할 때 창고 개미를 죽여서 꿀을 취한다. 창고 개미를 보면 1970~80년대 한국의 부모와 자식의 관계를 연상케 한다. 「굳세어라 금순아」, 「홍도야 울지 마라」와 같은 노래에서는 남동생과 오빠를 위해서 그리고 궁극적으로는 가문을 위해서 자신을 희생하는 여동생과 누나들의 모습이 등장한다. 개인은 가문의 가치에 종속되었고 가문은 자랑이 필요했기에 개인들은 죽어라고 공부하고 일했다. 고급 승용차를 몰고 고향에 내려가 은근히 으스대려는 그 열망이 개인의 목적의식을 채찍질했던 것이다. 실제로 요즘도 추석과 설날 전에 명품과 큰 차들이 많이 팔리고 있다. 여전히 가문을 중요시 하고 그것에서 무엇인가를 드러내려 하고 있다는 이야기다.

가문 의식은 개인을 헌신하게 하는 힘이 있지만 만약 이것이 지나치게 강해지거나 혹은 신분제도로 정착이 되면 국민들은 힘을 쓰지 못한다. 카스트 제도가 존재하는 힌두 국가, 여성을 배제하는 아랍 국가들이 현재도 힘을 쓰지 못하는 이유가 그것이다. 남녀, 신분고하를 막론하고 많은 인재를 평등하게 쓸 수 없기 때문이다. 그런데 18세기 후반부터 1960년대까지 200년에 걸쳐 진행된 실학사상과 동학운동, 갑오개혁 그리고 대규모의 내전과 좌익 사상 등은 가문 의식이 가지고 있는 일말의 문제점을 제거하는 데 꽤 좋은 환경을 제공했다. 그래서 전후 인재들이 국민에서 비교적 고루 나왔다. 교육의 기회는 평등했고 본인이 똑똑하고 노력하면 길은 열렸다. 요즘 새삼스럽게 대두되는 금수저, 흙수저 론이 그때는 오히려 없었다. "개천에서 용 났다"가 당시 한국인들이 꿈꾸던 '코리안 드림'이었다.

시골의 아버지들은 자식의 대학 등록금을 위해 재산 1호인 소를 팔았다. 대다수의 자식들은 농촌의 자식들로 뼈저린 가난을 경험했다. 그런데 막상 등용문을 지나니 나라는 찢어지게 가난하고 경제적으로는 아직 종속되어 있었다. 그래서 그들은 필사적으로 한국의 가장 큰 가문이며 한국인 모두의 가문인 국가를 위한 성공 길을 걸었다.

더 큰 가문을 위한 노력, 수출이라는 독립운동

1970년대에 때마침 중동 산유 국가의 토목건설 붐이 불었다. 미국 등이 오일 쇼크를 겪을 때 한국의 젊은 건설업자들은 국가를 일으킨다는 심정으로 일했고 대규모의 오일 달러가 한국에 유입됐다. 수출 톱은 그들에게 주어진 국가 훈장이었다. 그런데 가만히 생각해보면 이 역시 한국만의 독특한 컬처 코드다. 수출을 많이 하면 개인이나 회사에 좋은 일이지 왜 국가에서 훈장을 줄까를 생각해보자. 이는 곧 개인과 국가가 하나의 큰 가문으로 연결되어 있다는 생각이 배후에 존재하고 있다는 증거다.

미국의 정신분석학자 클로테르 라파이유(Clotaire Rapaille) 박사는 '컬처 코드(culture code)'라는 개념을 제시하면서 이를 이렇게 정의했다.

"우리가 속한 문화를 통해 일정한 대상에 부여하는 무의식적인 의미."

따라서 같은 행위라도 집단에 따라서 컬처 코드는 완전히 다르다. 미국인들에게 저녁 식사는 내일의 또 다른 일을 위한 '연료'의 개념이고, 2~3시간씩 천천히 음식을 먹는 프랑스인들에게는 '연주'의 의미가 있다.

한국인들이 지난 1990년대까지 해왔던 수출이라는 것에도 일종의 컬처 코드가 숨어 있다. 그것은 단순히 우리 회사가 돈을 잘 벌기 위해, 혹은 내가 잘 먹고 잘 살기 위한 것이 아니었다. 그것은 바로 '경제적 독립운동'이었다.

1990년대 중반 나이키, 아디다스 등 외국 운동화 공세에 치이던

국산 운동화 프로스펙스가 대대적인 광고를 할 때였다. 당시 유관순 열사 복장을 하고 태극기를 든 한 젊은 여성이 정면을 바라보고 있고 헤드라인엔 이러한 카피가 적혀 있었다.

"독립했소?"

이 광고를 본 광고 전문가들은 대개 '시대착오적이다'라는 반응을 보였다. 하지만 광고가 나간 그날 저녁 광고주 회장님은 광고기획 담당인 L선배를 불러 "내 마음을 알아준 유일한 사람"이라며 눈물을 흘리고 술을 따라주었다고 한다. 당시 회장님은 운동화를 통해 독립운동을 하고 있었던 것이다. 이것이 바로 한국인의 수출에 대한 컬처 코드가 아니었을까? 너무 가난해서, 명분만 따지다가 일본에 당한 것이 너무 분해서 경제 건국이 관건이던 시기에 한국이라는 가장 큰 가문의 경제 독립운동. 이것을 유럽, 미국, 일본에서는 이해하기가 쉽지 않다.

'수출이 곧 독립운동'이었던 이때 정주영 회장과 이병철 회장, 박태준 회장 등의 신화가 탄생한다. 그들은 독립운동 전사들처럼 독하게 사업을 했다. 한국은 미국과 일본에서 구걸하며 차관을 빌려와야 했으니 아직 독립이 안 된 것이다. 그래서 정주영 회장은 빈대 철학, 이병철 회장은 기술을 구걸하며 반도체에 투자했고, 박태준 회장은 '제철보국'의 정신으로 철강을 일으켰고, 유일한 유한양행 회장은 '제약보국'의 일념을 가지고 경제 독립운동을 했다.

이같은 컬처 코드는 미국의 초기 창업자들과 비교하면 극명하게 그 차이가 드러난다. 그들은 국가를 위한 사업을 한 것이 아니라 자신을 위한 독점을 추구했다. 그래서 이름도 '○○왕'이라고 불렸다. 보다 중요한 것은 대부분 그들이 이주민이었다는 점이다. 철강왕 앤드루 카네기(Andrew Carnegie)는 스코틀랜드, 석유왕 존 록펠러(John Rockefeller)는 미국, 철도왕 코르넬리우스 밴더빌트(Cornelius Vanderbilt)는 네덜란드, 청바지의 원조 레비 스트라우스(Levi Strauss)는 독일, 광산왕 마이어 구겐하임(Meyer Guggenheim)은 스위스였다. 그들에게 미국은 '조국'이 아니라 '기회의 땅'이었을 뿐이다. 한국 사업가들이 했던 '경제 독립운동'과는 완전히 다르다는 이야기다.

가문을 위한 희생, 그리고 가문의 성취가 곧 나의 성취가 되는 독특한 한국 문화는 교육열을 이끌어냈고, 여기에서 멈추지 않고 '제일 큰 가문인 국가의 성공'을 위해 달려왔다. 아마 전 세계적으로 봤을 때 이렇게 가문이 개인에게 지대한 내적 영향을 미쳤던 민족은 없을 것이다. 물론 현재 이러한 가문 의식이 과거보다는 현저하게 희박해졌다고 볼 수 있지만, 우리가 걸어왔던 길에서 분명 가문은 엄청난 힘을 발휘해온 것이 사실이다.

빨리빨리 문화와
깡다구 정신으로

: 불안의 다이내믹, 대한민국을 만든 역설의 에너지 :

삼성의 이건희 회장이 1990년대 중반 제2의 창업을 선포하면서 주장한 것 중에 하나가 이른바 '메기 이론'이다. 미꾸라지들만 있는 못에 메기 한 마리를 풀어놓으면 미꾸라지들이 전멸할 것 같지만, 실제로 불안한 미꾸라지들이 살기 위해 필사적으로 움직여 결국에는 더 오래 건강하게 산다는 것이다. 일종의 역설이지만 매우 정확한 말이기도 하다. 한국인들은 그간 피해야만 하는 것으로 알려진 그 '불안함' 때문에 지금까지 성장해왔다. 이른바 '역설의 에너지'라고 칭할 만하다.

불안의 시대에서 생겨난 깡다구 정신

사실 메기 이론은 이미 인류의 역사 자체가 증명하고 있다. 인간은 포유류 중에서도 매우 약한 존재임에 틀림없다. 호랑이 같은 이빨과 발톱도 없고 곰의 근육도 없으며 표범처럼 빠르지도 않다. 새의 날개도 없고 독사의 독도 없으며 물고기의 지느러미와 아가미도 없다.

인간은 맹수를 피해 항상 도망 다니는 신세였지만 오히려 자신의 약점을 강점으로 발전시켰다. 불을 피웠고 집을 만들어 안전을 도모했으며, 도구를 만들어 오히려 맹수들을 제압하기에 이르렀다. 불안이 인간을 현명하고 깡다구 있게 만들었다. 그러나 또 한 종의 유인원들은 불안에 굴복했다. 그들은 맹수들을 피해 나무에 올라갔지만 내려올 생각을 하지 않았고 내려와도 직립해서 돌을 갈지 않았다. 맹수들과 맞서 싸울 깡이 없었기 때문이다. 그래서 그들은 그냥 유인원으로 남을 수밖에 없었다.

이렇게 인간들이 깡으로 자연의 불안을 이겨왔다면, 그 인간 중에서도 특정한 민족들은 더 강한 깡을 발휘하곤 했다. 가장 대표적인 민족이 바로 이민족에 의해 탄압을 받으면서도 결국 현대에 이르러서는 '세계의 숨은 힘'으로 부상한 이스라엘 민족이다. 그들은 불안한 현실 속에서도 자신들을 '선택 받은 민족'이라고 생각하면서 오만을 키워왔다. 이러한 오만 자체가 사실은 불안의 프레임에서 생겨난 것이라고 볼 수 있다.

현재 800만 명에 불과한 이스라엘 국민이 보유한 특허는 유럽 전체의 43퍼센트, 노벨상 수상자의 약 50퍼센트에 달한다. 미국이 산유국 아랍 국가들의 원성을 사면서도 이스라엘을 지원하는 이유는 세계 최강국인 미국에서 유대인들이 은밀하게 지배하는 금융, 영화, 법조계 파워 때문이다. 미국에서 출세하려면 유대인 아내를 얻으라는 말이 괜한 소리가 아닌 것이다. 이 역시 이건희 회장이 주장한 메기 이론, 즉 불안을 활용한 다이내믹한 성장 이론이기도 하다.

사람은 본능적으로 불안을 싫어하지만 거시적으로 보면 부정할 것만은 아니다. 스위스의 경우도 마찬가지다. 인구가 적고 활용 자원이 그리 많지 않아 국력이 강해지기에는 원천적인 한계가 있었다. 더구나 사방이 다 강대국들이다. 하지만 스위스는 시계, 비밀 금융과 국제 콘퍼런스 등으로 독보적인 나라다. 클로테르 라파이유 박사는 스위스의 역사 코드를 '걱정'이라고 규정한다. 평화를 표방하지만 그들은 군사비 지출이 적지 않다. 강대국들이 언제 자신들을 침략할지도 모른다는 '걱정' 때문이다. 또한 평범하게 보이는 산속도 요새화되어 있다. 비밀 금융이 발달한 것도 그들의 걱정 코드에서 출발한 것이라고 한다.

한국인들의 5000년 역사도 사실은 '불안의 역사'라고 볼 수 있다. 식민지 해방 이후 현대는 극단적인 이념 대립과 전쟁과 분단, 그전에는 악랄했던 일제의 피식민 상태 36년, 그전엔 청나라의 침략과 지배 그리고 9족까지 멸하는 잔인했던 사대부들의 사화가 있었다. 북으로는 대륙 세력의 말굽이, 남으로는 해양 세력의 노략질이 끊임없이 한국 백성들을 괴롭혔다. 삼국시대에는 강과 산맥을 사이에 두고 삼국 간 전쟁이 500년 이상 지속되었다. 어떤 역사가는 한국이라는 이 땅에서 사흘에 한 번씩 크고 작은 전쟁이 있었다고도 주장한다. 이 불안했던 세월은 이집트 탈출 이래 5000년 동안 오랜 방랑과 환란, 그리고 홀로코스트로 점철된 이스라엘 민족의 역사와 크게 다를 것이 없다. 그래서 이스라엘과 한국은 세계에서 가장 독한 민족들이 되었다.

이런 불안에서 살아남으려면 어떻게 해야 할까? 독한 민족들은 '용기' 혹은 '깡다구'가 있어야 한다. 이러한 깡다구는 자기 스스로를 훌륭한 가문의 자식임을 인증하는 표식이며 또한 나 자신을 스스로 존중하는 상징이기도 하다. 단신으로 왜장 이토 히로부미(伊藤博文)를 저격하고, 상해 홍쿠 공원에서 수류탄을 날리고, 천황을 살해하려고 폭탄을 준비한 열사들이 가장 대표적인 깡다구 있는 인물들이었다. 반면 중국에서는 수십만 명이 남경대학살을 당하고도 총을 뽑아 든 깡다구 있는 열사가 없었다.

빨리빨리, 속도의 문화에 오히려 성장한 한국

불안의 시대에서 살아남기 위해서는 깡다구와 함께 속도가 필요하다. 외국인들이 기억하는 한국인의 대표적인 말은 '빨리빨리'다. 한국 가전제품들이 유럽 시장에서 독보적일 수 있었던 이유가 바로 빨랐기 때문이다. AS의 소요 기간이 유럽 기업들의 경우 일주일이 걸린다면 한국 기업들의 경우 하루 정도면 충분했다. 소비자들은 경악할 수밖에 없었다. 삼성화재 애니카 서비스와 배달의 민족, 오토바이 택배, 남대문 시장의 모방 패션, 2~3년이면 뚝딱 생겨나는 신도시와 혁신도시 등은 한국인인 우리도 감탄할 정도다. 독설로 유명한 미국 트럼프 대통령은 2016년 대선 후보 인터뷰에서 뜻밖에도 한국을 "부유하며 위대한 산업국가"라고 표현했다. 그것은 한편으로 불안을 딛고 환경에 빠르게 적응하면서 악과 깡으로 살아온 독종 민족의 세월에 대한 찬사라고 보아도 무방할 것이다.

한국인들의 '빨리빨리' 습관은 자연조건에도 기인한다. 한국은 사계절이 뚜렷한 온대성 기후 국가다. 이것을 우리는 행운이라고 배워왔지만 사실은 단점도 많다. 여름은 생명을 태워버리고 겨울에는 모든 생명체가 숨거나 죽어버린다. 봄이 와도 민중들에게 그것은 보릿고개에 불과했다. 어른들은 9월에 추수 감사제를 지내고 나면 한숨을 쉬거나 단단히 각오를 하거나 해야 했다. 11월부터

4월 봄까지 5개월, 150일을 필사적으로 버티기 위한 발효음식들이 그 각오의 표출이었다. 가난한 집에 제사 돌아오듯 찾아오는 이런 모진 계절의 불안함이 한국인을 빠르게 적응하는 민족으로 단련시켰다.

한국인이 분단 상태, 경기 불황, 북한의 김정은이 벌이는 핵의 위협도 담담하게(?) 넘기는 것은 아마도 이렇게 매일 만져지는 살갗처럼 불안의 역사와 고통스러운 자연을 견뎌야 했기 때문일 것이다. 또한 이것을 위해서 한국인들은 뭉쳐야 했다. 기존의 '빨리빨리'라는 속도의 문화에 단일한 구심을 향한 뭉침은 놀라운 결과를 만들어냈다. 일제강점기에는 삼천리를 물들인 3.1 만세운동은 물론, 국채보상운동과 물산장려운동으로 뭉쳤고 "아시아의 4마리 용 중에 하나가 마침내 무너졌다"라고 세계가 조롱하던 1998년 IMF 때는 세계가 깜짝 놀랄 금 모으기 운동으로 뭉쳤다. 태안반도 기름띠 사건 때는 100만 명이 뭉쳐 달려가서 기름띠를 제거했다. 이런 식으로 사회적 문제에 대응하는 민족은 전 세계에서도 그 유례를 찾을 수 없다. '기술 한국'으로만 인식되던 한국이 느닷없이 1차, 2차 문화 한류, K-Wave로 뜨면서 국민들 에너지가 오디션 한류로 집결되는 것도 이런 뭉침 현상의 한 단면이다.

건국 후 약 70년 동안 한국을 헐뜯은 사람들이 많았다. 누구는 한국의 빠름을 보고 냄비 문화라고 폄하했고, 과거 한국에 체류했던 한 미국대사는 한국인들의 이런 모습을 보고 '쥐떼 같은 민족'이라고도 했다. 최근 들어서도 세계의 경제경영 석학들은 한국의 성장 모델을 보고 모방 국가(fast follower)라고 내리깔았다. 하지만 오늘날 한국이 이뤄낸 성과를 본다면, 이제 그들은 더 이상 자신들의 주장을 고집할 수는 없을 것이다.

바둑형 평등사상,
역사를 추동한 숨은 저력

동양의 장기는 장군이 있고 각종 말들부터 차례대로 졸들이 앞에 배치되어 있다. 각종 말들은 움직이는 방식이 정해져 있다. 장군과 왕이 잡히면 게임은 끝난다. 서양의 체스도 이와 비슷하다. 그러나 바둑은 다르다. 바둑은 돌 하나하나가 졸이며 동시에 장군(왕)이다. 물론 정석과 포석이라는 암묵적 룰이 있지만 돌들이 움직이는 방식이 정해진 것은 하나도 없다. 각 돌들은 평등하다. 돌 하나가 죽는다고 지는 것도 아니다. 장기는 전쟁 포로처럼 잡힌다(잡는다)라는 표현을 쓰는데, 바둑에서는 마치 인생처럼 '산다', '죽는다'라

75

는 무서운 표현을 쓴다.

나는 한국인이 장기보다는 바둑형에 가깝다고 생각한다. 일단 룰을 별로 좋아하지 않는다. 시위 문화를 보아도 알 수 있다. 대충 스스로 룰을 정해서 움직인다. 죽는다, 산다처럼 매사 치열하다. 당장 내가 죽고 사는 인생 판에 왕, 대통령이 무슨 대수랴. 그래서 쿠데타, 민란, 항쟁 등이 유달리 많다. 한국인의 피에는 이런 바둑 같은 평등사상이 면면히 흐르고 있다. 그것을 잘 나타내는 옛말도 많다.

"배고픈 것은 참아도 배 아픈 것은 못 참는다."

"남들이 장에 가니 똥지게 지고라도 간다."

이러한 마음의 배경에는 '너와 나는 다르지 않다'는 평등사상이 존재한다. "네가 뭔데?"라며 타자를 거칠게 부정하는 의식도 이러한 평등사상에서 기인하기도 한다. 조선 시대에 이것은 민중 저항의식으로 발현되기도 했었다. 그래서 민중은 권력에 독하게 저항했다. 나는 세계 시장에서도 유달리 한국인의 명품에 대한 추구가 심하고 폭탄주를 즐기며 너도나도 유학을 가고 고가 위스키 등이 잘 팔리는 현상도 일종의 이런 평등 심리 때문일 것이라고 본다. '네가 뭔데. 그 정도는 나도 살 수 있어, 흥.' 이러한 평등사상은 결국 근현대사에서 빠르게 발전할 수 있는 한국인들의 숨은 저력이 되어주었다.

가난한 농부의 아들에서 대통령 후보까지

사실 한국에서 평등사상의 연원은 매우 길다. 조선 시대에 양반 계급이 지배했고 노비도 있었지만 평민들은 서당에서 공부할 수 있었고 과거 시험을 통한 신분 상승의 기회가 있었다. 고구려 시대에도 이미 마을 학교인 경당이 있어 국민이 배움을 누릴 수 있었다. 불행히도 여기서 여성들은 배제되었지만 전 세계적인 조류에 비하면 그리 불평등한 것도 아니었다. 자유, 평등, 박애를 외친 프랑스는 1946년 처음 여성 투표권이 인정됐고, 사우디아라비아는 2015년에야 비로소 여성의 참정권이 인정되었다.

근현대에 들어서 지배층이 빠르게 몰락한 것도 바로 이런 이유 때문이다. 일제와의 전쟁, 극렬한 이념 대립 그리고 토지 분배와 대중적 국민 의무교육, 누구나 칠 수 있는 공무원 시험제 등의 시행으로 양반이라는 특권 신분은 과거의 영광을 뒤로한 채 사라져갔다. 어떤 사람들은 외국 사회를 보면서 '한국에는 상류사회의 문화가 없다'고 평가하기도 하지만 사실 한국은 '평등'에 대한 강렬한 열망으로 지금의 사회를 만들어왔다.

또한 이 같은 평등사상과 평등한 제도는 근대 한국의 강력한 성장 동력이 되었다. 1970년대 한국 군사정권의 효율성은 머리는 좋지만 가난한 집안의 인재들을 대량으로 활용할 수 있었기 때문에 가능한 것이었다. 찢어지게 가난한 농부의 아들로 태어나 마침내 대통령 후보까지 도전한 정주영 회장의 전설이 가장 대표적이다.

현재 인도와 힌두교 국가의 경우 여전히 잔존하고 있는 카스트 제도는 민주주의와 자본주의 성장에 심각한 장애물로 작동한다. 현실의 신분제도로 인해 그들은 평등한 내세를 쫓는다. 따라서 그들은 현실의 개선에는 그다지 열망이 없다. 아무리 평등해지고 싶어도 현실이 그것을 허락하지 않기 때문이다.

여왕이 있는 영국이나 유럽 여러 나라에는 아직도 과거 전제왕정 시대의 유산인 공후백자남(公侯伯子男)*이라는 귀족 제도가 남아 있고 지금도 작위(Sir)를 받는 것은 더할 수 없는 영광이라 여긴다. 제국주의 일본도 그들 나라를 동경해서 작위 제도를 만들기까지 했다. 하지만 한국에는 이런 것이 없다.

1894년에 발흥한 동학운동의 핵심 사상인 인내천(人乃天)은 유불선(유교, 불교, 도교)과 천주학을 통합한 사상이다. '사람이 곧 하늘'이라는 사상이니 이보다 더한 평등주의 슬로건이 없다. 이것이 갑자기 하늘에서 떨어진 것은 아니다. 조선의 4대왕인 세종도 백성을 하늘로 여겼고 이는 조선의 설계자인 정도전에게 특징적으로 나타나는 사상이다. 그는 '백성의 하늘은 세끼 밥'이라며 위민 사상을

---

* 제후의 다섯 계급인 공작, 후작, 백작, 자작, 남작을 말한다.

설파했다. 그는 성리학을 추종한 사대부였음에도 역성혁명의 가능성도 열어놓았다. 그 후 조선의 사대부들은 왕의 권력을 견제하려고 부단하게 노력했다. 왕이 왕 노릇을 못하면 추방되거나 심한 경우 독살되기도 했다. 이는 유럽에서 나타난 절대왕정 제도와는 사뭇 다른 양상이다.

16~18세기, 중세에서 근대로 이행하는 과도기에 나타난 절대왕정 시기에는 왕권의 강화를 위하여 관료제와 국왕의 직속 부대인 상비군을 갖추었으며, 중상주의 경제 정책을 추진하고, 왕권신수설을 신봉하였다. 신분 간의 차별이 엄격했고 귀족들이 정치적 특권을 독점했으며 길드는 시민 계급의 자유로운 상공업 활동을 억제했다. 이는 15세기 세종대왕 시대에 이미 백성을 위한 역법과 글자를 만들려고 했던 시도보다 훨씬 뒤진 것이었다. 한국 평등사상의 뿌리는 세종대왕 당시는 물론이고 그보다 더 거슬러 올라간다.

통일신라 시대의 원효대사는 만사 유심(唯心)이라고 했다. 여기에서의 그 '심(心)'은 누구나 가진 것이었다. 그는 시장 거리에 나가 사람 모두에게는 불성이 있다고 설파했으며 '나무아미타불'만 외우면 비천한 인생도 깨달음을 얻어 화엄의 세상이 열릴 것이라고 했다. 고구려 재상 을파소는 재상이 되기 전 직접 밭을 갈았다. 그래서 그는 현대적인 사회복지 개념인 진대법을 펼칠 수가 있었던 것이다.

국가의 효율성은 사람에 의해서 나오는 법이다. 사람의 힘은 교육을 통해 형성되는데 한국의 교육열은 세계적으로도 정말 유별나다. 대학교 진학률은 현재 세계 1위이고 문맹 퇴치율도 세계 1위다. 백성들 배우라고 글자를 만들고 활자를 만든 왕이 있는 나라도 한국이 유일하다. 칭기즈칸도 한때 시도는 했지만 그때 만들어진 몽고 글자는 지금은 사라지고 말았다. 한국인이 공부 머리가 있던 없던 간에 무작정 대학교에 가려고 하고 심지어는 석박사에도 도전하는 이유 중 하나가 바로 이 평등주의 때문이기도 하다. 공부만 열심히 하면 그 신분에 상관없이 누구나 성공에 한 발짝 다가갈 수 있었던 한국, 그래서 이 평등주의는 한국의 근대적 성장에 누구보다 많은 기여를 했다고 볼 수 있다.

:

종교에 관대한,
종교전쟁이 없는 나라

: 유일신이 만들어낸 적, 그리고 차별화로부터의 자유 :

종교가 강력한 이유는 그 자체로 차별적이기 때문이다. 동성애자를 '이방인'으로 분류하고 다른 민족은 '선택받지 않은 민족'이라고 하며, 자신의 신만이 '유일신'이라고 주장한다. 예언자가 말하지 않은 모든 것들은 차별받아 마땅하다. 따라서 다른 이들도 차별받아야만 한다. 이렇게 차별을 하게 되면 경계를 만들 수가 있고 사람들을 '우리 편 아니면 적'으로 나눌 수 있기에 단결의 힘을 발휘하기에 좋다. 사람은 적에 의해서 자기 정체성을 확보하고 자기 정체성이 강할수록 그것을 연료 삼아 더 강해지기 때문이다.

평등한 종교, 그리고 그것들의 공존

마케팅도 이러한 종교에서 연원한 '분할의 법칙'을 곧잘 구사하곤 한다. '고객'과 '고객이 아닌 사람' 분할이 가장 대표적이다. 사실 마케팅 기법은 종교에서 많은 것을 차용했음을 부정할 수 없다. 종교는 가장 역사가 오래된 설득 커뮤니케이션의 수단이기 때문이다.

"아픈가? 그럼 알라를 믿으라. 병이 나을 것이다."

"불편한가? 이 제품을 사라. 그러면 삶이 더욱 풍요로워질 것이다."

거의 동일한 설득기법에 다름이 아니다.

하지만 이렇게 차별을 만들어내는 유일신을 숭배하는 나라는 대부분 종교전쟁의 내홍을 겪어왔다. 한국이나 중국, 일본, 타이완 등은 종교전쟁을 겪지 않은 몇 안 되는 나라들이다. 종교전쟁이 없었기 때문에 이들은 그 에너지를 다른 곳, 즉 시난한 현실과 독하게 싸우는 데 썼을 것이다. 아랍권 국가들의 성장이 더딘 이유는 기후 탓보다는 종교 탓이다. 중세 유럽이 암흑시대였던 이유도 기독교 때문이었다. 지금 IS로 인해 중동과 유럽, 미국이 테러의 위협에 빠지는 것도 종교 때문이다. 미국은 원칙적으로 종교가 자유로운 국가이지만 실제로는 기독교 국가이며 유대인 세력이 강력한 나라다. 그들은 미국이 노아의 방주를 타고 살아남은 인류의 후손이며 자신들의 미션이 세계의 구원이라고 믿는다.

반면 한국은 다행히도 종교에 무척이나 관대하다. 누구나 다양한 종교를 믿을 수 있고 포교의 자유도 허용된다. 또한 모든 종교는 서로 간에 평등한 관계다. 우월한 종교, 열등한 종교도 없다. 국가가 위기 상황에 처했을 때는 천주교, 기독교, 불교의 지도자들이 함께하는 모습도 인상적이다. 같은 유교 국가라 해도 중국과 일본은 우리와 상황이 좀 다르다. 중국은 공산주의 국가라 종교가 부정되며, 일본은 천황을 신의 후예라고 믿는 신도와 일본식 불교가 강세다. 종교가 없는 중국에서 인민들은 영혼이 가난할 수밖에 없고 일본은 배타적일 수밖에 없다.

한국에서는 조선 말 천주교 신자를 탄압했다고 배웠지만 사실은 조금 다르다. 천주교를 사칭한 자들이 대원군 조상의 묘를 파헤쳤고, 현실의 왕을 부정하고 제사를 거부하여 국체에 대한 도발이 있었던 것을 참작해야 한다. 그 행위는 종교와 관련된 죄가 아니라 국기와 관련된 천하의 대죄였던 것이다. 어쨌든 지금은 모든 종교가 아주 평등하게 대해진다. 한국인은 이를 당연하게 생각하지만 외국인들이 보기에 이것은 당연하지 않다.

한국에 온 외국인들이 인상적으로 생각하는 것 중에 하나가 한국은 기독교, 불교, 한국 종교, 사이비 종교, 이슬람교 등이 다 있음에도 서로 간에 갈등이 거의 없다는 점이다. 앞에 서울의 밤거리를 걸으면서 눈물을 흘렸다는 아랍 여대생 일화를 생각해보자. 이러한 모습은 이 지구상에서도 소수만이 누릴 수 있는 축복이다. 만일 한국이 종교적으로 편협했다면, 그래서 삼국시대부터 연원한 지역 갈등과 결합했었다면 한국인의 기질을 볼 때 오랫동안 심각한 갈등을 겪고 성장 에너지도 많이 깎였을 것이다. 해방 이후 번졌던 좌우 이념 대립의 양상만 봐도 한국에 종교적 대립이 있었다면 대규모 살육으로 번졌을 가능성이 농후함을 알 수 있다. 종교의 자유가 있고, 그중 어떤 한 종교가 암묵적인 절대 지지를 받지 않으며, 때로는 서로가 힘을 합치는 모습은 아마도 전 세계에서 한국이 유일할 것이다. 이것 역시 앞서 이야기했던 평등사상에서 기인했다고 볼 수도 있다.

무엇보다 종교가 현실을 부정하지 않고, 오히려 현실을 개혁하려고 하는 성향까지 있었다는 섬에서 이는 성장의 역동적인 에너지가 되어왔다. 민중들은 종교와 함께 현실의 변화를 추구했고, 종교 지도자들은 그런 민중들과 함께해왔다. 한국 근현대사에서 벌어진 격렬한 민주화 투쟁에 늘 종교 지도자들이 있어왔던 모습이 바로 그것이다. 한국인들은 종교에 대한 탄압 자체를 느낄 틈이 없어 종교가 한편으로 한국 성장의 에너지가 되어왔다는 것을 잘 모를 수도 있다. 하지만 종교 때문에 사회가 분열되고 주변 국가와 불화하며 국민들이 현실에서 발전 의지를 갖추지 못한 다른 국가들을 보니 분명 종교전쟁이 없었던 한국은 그것을 토대로 성장해왔음이 틀림없다.

:

비가 와도 눈이 와도 공부를
게을리하지 않았던 선비의 나라

: 선비 정신이 만들어낸 공부력 :

한국인들에게 '선비'에 대해 묻는다면 아마도 유교 문화, 고
리타분함, 정쟁과 부패, 오로지 공부만 해서 현실을 잘 모르는 무능
력함 등을 떠올릴 것이다. 이것이 바로 선비를 바라보는 한국인들
의 이미지이기 때문이다. 하지만 이러한 선비에 대한 이미지는 한
국인들 스스로가 만들어낸 것이 아니다. 선비는 한국 성장에 있어
서 크고 역동적인 에너지를 제공해왔다.

진부하거나 놀라운 '오래된 미래'

한국 이름이 '이만열'인 에마누엘 페스트라이쉬(Emanuel Pastreich)의 특별한 목소리에 귀 기울여볼 필요가 있다. 그는 현재 경희대학교 국제대학원의 교수다. 그간 예일대학과 하버드대학에서 공부했으며 일본과 중국 등에 거주하며 동아시아학을 연구해왔다. 그러다가 그는 두 나라를 잇는 한국이라는 나라에 호기심을 느끼고 한국에 잠깐 왔다가 지금은 눌러 앉아서 한국의 히든 파워를 연구하고 세계에 소개하는 일을 한다.

여기까지는 평범하다. 일본과 중국에도 그런 외국인은 종종 있다. 그런데 그는 『한국인만 모르는 다른 대한민국』을 한국어로 직접 쓰기도 했고, 최근엔 세계적인 뇌 과학자인 이승헌 총장과 대담을 나눈 것을 기록한 『지구 경영, 홍익에서 답을 찾다』라는 신간을 내기도 했다. 그런 그가 한국의 특정한 집단을 가리켜 '아주 오래된 미래'라는 표현을 썼다. 그것은 놀랍게도 선비다. 그리고 그는 선비의 정체성을 '홍익'이라고 말했다. 그의 이러한 주장은 진부하거나 반대로 일부에게는 아주 놀라운 것이다. 선비는 한국이 잊어버린, 또는 잊고 싶은 엘리트들이기 때문이다. 무너진 가문을 물려받은 자식이 못난 아버지를 바라보는 심정이라고나 할까. 그런데 그 아버지의 몰랐던 정체가 한국의 가문도 아닌 전혀 다른 행색을 한 외국인에 의해 전해진다면 그 자식들은 곤혹스러울 수밖에 없다.

그런데 선비를 비하하는 우리의 시선은 사실 우리 스스로가 만들어낸 것이 아니라 외부에서 주입된 것이다. 100년 전 일본 식민 사학자들의 전략은 선비를 '사대나 일삼고 고루하여 시대에 뒤떨어진 지배 엘리트'로 못박아버렸고 그것이 지금도 통용되고 있다. 만일 거꾸로 한국이 일본을 점령하여 영구 지배를 꿈꾼다면 제일 먼저 할 일이 그들의 역사를 바꾸고 영웅을 바보로 만들어놓는 것일 것이다. 실제로 일본은 그렇게 했다. 선비에 대한 그들의 저주 프레임은 지금도 풀리지 않았다. 일본이 한국의 명산 꼭대기에 말뚝을 박아 훌륭한 인물이 태어날 기를 끊어버리려는 짓도 했다는데, 명산보다도 더 기가 막힌 명산인 선비의 산에 말뚝을 박아놓은 꼴이다.

한영우 서울대학교 역사학과 명예교수는 말년에 한국이 놀라운 경제 성장과 민주화를 이룬 배경에 대해서 연구하다가 그 근원에 선비가 있다는 주장을 했다. 도대체 그는 선비의 모습에서 무엇을 봤던 것일까? 그것은 우선 '수기(修己)'라는 키워드에서 찾을 수 있다. 수기(修己)란 '자신의 몸을 닦는다'는 의미다. 선비는 전형적으로 수기를 실천하는 사람들이었고, 그 수양의 방식은 공부였다. 졸지 않으려고 천장에 줄을 달아 자신의 상투를 매기도 했고, 공부를 하다가 다리를 뻗고 자지 않기 위해 아예 서재의 크기를 줄이기도 했다. 오늘날 회자되는 평생학습은 이미 선비 시대부터 실천되고 있었다. 무력과 재력이 가장 강한 시대의 힘이라고는 하지만, 공부력(力)도 만만치 않게 강한 힘이다. 인쇄술도 변변찮던 시대에 그들이 공부한 양이 얼마나 될까 의아한 것은 사실이지만, 박지원의 『열하일기』나 이긍익의 『연려실기술』만 보아도 그들의 공부가 얼마나 깊은지 조금은 짐작할 수 있다.

세종대왕 시대에는 과학, 인쇄, 문자, 의학, 무기 등에 대한 관심이 획기적으로 확장되어 당시 세계 최고 수준의 성취를 이루었다. 물론 이후 훈구파와 사림파의 갈등으로 쪼그라들기는 했지만 18세기 조선 후기로 가면서 공부 폭은 다시 점점 넓어졌다. 홍대용의 우주론부터 김정희의 금석학, 김정호의 지리학, 김홍도의 풍속도, 지석영의 의학까지 공부의 대상은 전 방위적이었다. 또한 최치원부터 서경덕, 이율곡, 그리고 조선 최고의 스토리텔러인 허균 등의 공부는 유불선을 넘나들었고 박지원, 정약용, 정약전 등의 공부는 경제와 기계, 어류학과 서학 천주교까지 망라하는 것이었다.

한 나라의 운명을 바꿀 수 있는 교육

한국인들이 이러한 선비들에게서 물려받은 인자는 바로 '공부력'이라고 할 수 있다. 이것이 비록 지나친 교육열과 사립학교, 학위 욕망으로 변질되어 문제이기는 하지만 세계 1등의 공부력만은 우리들의 선비에게서 물려받은 것이다. 실제 미국 대학교에 제일 많이 다니는 외국인 학생은 단연 중국인이다. 1990년대까지 중국에서 교수가 택시기사보다도 연 수입이 적었다는 것을 감안하면 뜻밖이다. 그러나 인구 비율을 감안하면 이 순위는 바뀐다. 인구 숫자를 감안해서 유학생 비율을 따지면 한국이 1등이다. 중국인이 한국 기업인에게 감동하는 것은 바로 한국인이 중국어로 비즈니스를 한다는 것이다.

한국에서 학교와 배움은 의문의 여지가 없는 것이었다. 가족 같은 소를 팔아 자식을 대학에 보낸다고 해서 붙여진 대학의 별명이 우골탑이었다. 아마 한국 이외에 이렇게 처참한 이름으로 대학을 부르는 곳은 없을 것이다. 공부에 대해서만은 한국은 지독했다. 이것은 앞에서 거론한 가문 의식, 평등사상, 종교전쟁 대신 현실 개척 에너지 등과 맞물린 것이니 공부력은 진정 독종 한국인의 정신문화 베이스 캠프인 것이다.

그런데 정작 한국인이 모르는 것이 있다. 다른 민족들이 다 그렇게 공부에 열심인 것은 아니라는 사실 말이다. 심지어 서울역 노숙자까지도 책을 읽고 편지를 쓸 수 있다는 것이 외국인들의 눈에는 놀라운 미스테리가 아닐 수 없다.

독일의 철혈재상 비스마르크(Otto von Bismarck)는 산업과 강한 군대를 만들어내서 독일을 일약 유럽 강대국으로 발돋움시켰다. 하지만 그 이전에 프로이센의 프리드리히 대제(Friedrich II)가 의무교육을 만들어 국민들을 교육시켰던 역사적 사건을 감안한다면 교육은 한 나라의 운명을 바꿀 만큼 엄청난 자원임에 틀림없다.

한국이 일본에게서 해방되고 3년 동안 남북이 전쟁을 치러 폐허가 되었을 때 케냐 경제는 한국과 비슷한 수준이었고 필리핀은 조금 더 잘 살았다. 아르헨티나의 퍼스트 레이디였던 에바 페론(Eva Peron)이 "Don't cry for me"라며 슬프게 불렀던 아르헨티나는 거의 선진국이었다. 그러나 50년 세월이 흐른 후 그들 국가는 비교 대상조차 되지 않는다. 그 차이는 인적 자원을 무한대로 만든 교육 때문이다. 한국은 그 지적 자원을 다른 누구도 아닌 선비에게서 물려받았다. 이 공부력은 무엇과도 바꿀 수 없는 아버지의 선물인데 정작 한국인은 선비를 인정하지 않으려 하니 페스트라이쉬 교수는 좀 혼란스러울지도 모를 일이다.

지금 한국에서의 공부에 대한 열정이 그 어떻든 간에, 분명 선비들로부터 물려받은 공부력은 한국을 만들어왔다. 이는 계급이나 신분제도와는 상관없이 모든 국민들을 전진하게 하는 힘이었으며, 국가의 자산이었으며 그 결과 대한민국의 운명을 바꾸어왔다. 수많은 외국인들이 '한강의 기적이 만들어진 이유를 알고 싶다'고 말한다. 나는 여기에 자신 있게 '공부'라고 대답할 수 있다. 그리고 그 공부는 현 시대의 한국인들에 의해 성취된 것이 아니라 '아주 오래된 미래'인 선비들로부터 유래된 것이라 확신할 수 있다.

역동적인 젊음과 흥이
넘치는 나라

: 주말에는 숲으로, 강으로. 즐거움을 찾는 한국인 :

한국인들이 가진 히든 에너지의 마지막은 한국의 젊음에 관한 것이다. 다니엘 튜더는 88서울올림픽 때 한국에 왔다가 한국의 역동성에 반했고, 그 뒤 영국 『이코노미스트』 파견기자로 다시 한국을 찾았다. 그는 『기적을 이룬 나라 기쁨을 잃은 나라』라는 책을 통해 한국인들에게 쓴소리를 하지만 여전히 한국을 사랑하여 한국에 체류하고 있다. 그는 한국의 매력 포인트로 "워낙 자극적인 것이 많아 심심할 틈 없이 재미있는 것"이라고 말한다. 어쩌면 피 끓는 민족이라고 해도 과언이 아닐 것이다. 지금도 인사말이나 댓글 끝

93

에 보면 아주 전투적인 용어인 '○○ 파이팅!'이 수시로 붙는다. 다른 나라 사람이 보면 한국이 전쟁 중이라고 착각할지도 모를 일이다.

50세의 사회적 나이는 35세

한국은 5000년 역사의 국가임에도 젊다. 나이로는 노령화 단계일지도 모르지만, 중요한 것은 그 기질과 지향하는 바가 젊다는 의미다.

1990년대 히트를 쳤던 시집 중에 최영미 시인의 『서른 잔치는 끝났다』라는 것이 있다. 여자들은 서른이 되면 죽어버리겠다고 농담을 하기도 했었고 남자들도 서른이면 아저씨라고 불렸다. 그런데 지금은 서른이면 거의 20대처럼 사고하고 행동한다. 마케팅 분야에서는 타깃을 분류할 때 습관적으로 20대, 혹은 30대와 같은 식으로 10년을 주기로 분류한다. 하지만 이제는 그러한 일방적인 분류법이 잘 통용되지 않는다. 30대만 봐도 그 안에서 다양한 부류가 있다. 최소한 30대 초반, 30대 중반, 30대 후반으로 나누어져야 한다. 그들은 각기 다르기 때문에 '30대'로 묶을 수가 없다. 30대 초반은 20대와 다를 것이 없고 30대 후반은 예전의 30대 초반처럼 행동한다. 그래서 한국에서는 실제 자기 나이에 0.7을 곱해야 그것이 사회적 나이라는 말도 있다. 이는 곧 50세인 사람의 사회적 나이가 35세라는 것이다.

한국이 이렇게 젊어진 또는 젊게 살려는 이유는 3가지로 분석할 수 있다.

첫 번째는 성공과 성장에 대한 지독한 열정 때문이다. 통상적으로 목표가 있고 그 목표를 향해 뛰는 사람은 나이들 짬이 없다. 스스로 '나는 나이를 먹었으니 이렇게 행동해야 한다'고 느낄 겨를이 없다. 그러다 보니 과거의 젊은 상태에 머물러 있기를 고집하게 되는 것이다.

두 번째 이유는 기술의 속도다. 기술이 너무 빠르고 그것에 적응하려다 보면 또 젊어져야 한다. 안 그러면 『거울 나라의 앨리스』에 나오는 붉은 여왕의 역설(거울 나라는 한 사물이 움직이면 다른 사물도 그만큼의 속도로 따라 움직이는 특이한 나라다. 뒤로 쳐지지 않으려면 두 배로 달려야 한다)처럼 퇴보한다. 1990년대 초 컴퓨터가 보급되는가 싶더니 금세 광대역 인터넷이 가능했고 이어 삐삐, 휴대폰, 스마트폰이 보급됐다. PC통신, 아이러브스쿨부터 최근의 유튜브와 SNS까지 정신이 없을 정도로 빠른 데다가 특히 한국의 IT 인프라와 스마트폰 보급률은 세계 1, 2위를 다툰다.

세 번째 이유는 소통 문화다. 지금은 시골의 40~50대 중년들도 카카오톡을 통해 이색 정보를 교환하고, 시아버지가 페이스북을 통해 며느리 소식을 듣는다. 드라마 '태양의 후예'가 인기를 끌면서 극중 유시진 대위였던 송중기의 대사를 50대 중년 여성들이 따라 하며 카카오톡 상태 메시지에 'ㅇㅇ이지 말입니다'라고 적어놓기도 한다. 그러니 젊어지지 않을 수 없다.

1963년에 처음 방송되어 2017년 현재도 계속해서 시즌을 이어나가는 기네스북에 오른 한 드라마가 있다. 영국 BBC의 '닥터 후'라는 드라마다. 여기에서 타임로드라는 외계인 닥터는 일정 기간이 되면 다시 닥터로 재생이 된다. 좀 과장되게 말하면 한국인이 꼭 닥터 후와 비슷하다. 나이 틈이 없이 계속 젊게 살아야 하니 '수퍼 닥터'인 셈이다. 그러니 선진국 병에 빠져 느리기만 한 영국에 살던 다니엘 튜더가 한국의 매력에 빠질 만도 하다.

이런 젊음의 열풍을 단적으로 보여주는 것이 한류다. 한류의 핵심 미디어는 영화, 게임, 댄스뮤직, 화장품, 패션 등이다. 이것들은 전부 '젊은 미디어'다. 이 한류 덕에 한국 경제도 덩달아 상승세다. 전통적인 강세 산업이었던 조선소, 철강, 중공업 등은 위기인 반면 이들 젊은 미디어 산업은 연일 상종가다. 2007년에 3~4만 원 하던 아모레퍼시픽 주가가 2015년에는 그 10배인 40만 원까지 치솟았고, 음반 및 연예 엔터테인먼트 기업인 SM의 시가총액이 7000억 원을 넘는다. 10년 전만 해도 꿈도 꿀 수 없던 성장이다. 이들 덕에 한국은 더 젊어졌다. 이제는 40대 부장도 노래방에 가면 아이유 등 걸 그룹 노래를 부르려고 한다. 때로는 그 모습이 우스꽝스럽게 보일 수도 있지만, 한국인들이 그만큼 젊어지고 있는 것도 사실이다.

한국은 또한 축제의 나라다. 아직 세계적으로 유명한 축제는 별로 없지만 숫자만으로는 전국에 축제가 1만 3000개가 넘고 락, 재즈, DJ 페스티벌 등 페스티벌도 계속 늘어나고 있는 중이다. 불경기라는데 해외여행도 꽤 다닌다. 해외여행은 개인이 개인에게 벌이는 이벤트다. 2015년 한국관광공사 집계에 따르면 해외여행에 소요된 총 지출이 200억 달러(22조 원)를 넘었다고 한다. 세계 11위인 국민총생산 1조 4000억 달러 중 1.5퍼센트 정도를 해외여행에 쓰는 것이다. 리비아, 요르단, 볼리비아 등 국가의 국민총생산이 300억 달러를 웃도는 수준인 것을 감안하면 꽤 많은 금액을 해외여행에 지출한다.

종교적 신념이 강한 다른 나라는 주말이면 사원과 절, 교회에 가서 한 주를 참회하고 고해성사를 하지만 한국은 주말이면 도심에서 탈출한다. 전체 국토 면적 대비 도로 점유율이 세계 최고 수준이지만, 그럼에도 고속도로는 주차장이 되기 일쑤다. 전국에 캠핑촌도 600여 개를 상회한다. 회사원들은 주중에는 퇴근 후 치맥과 소맥 파티를 벌이는 것이 일상적이고, 백화점은 연중 쇼핑 이벤트를 열고 방송국과 엔터테인먼트 기업들은 오디션 이벤트를 열어 젊음의 꿈을 자극하고 기업들은 체험 마케팅과 세일 이벤트에 열심이다. 축제와 예술의 도심도 부단히 떴다가 진다. 명동, 신촌, 대학로,

압구정동, 홍대 앞, 신천…… 최근엔 북촌과 서촌, 이태원과 성수동, 한강 여의나루 근처에서 버스킹이 이뤄지고 있으며 디자인 장터와 재래시장 안에 있는 청년시장 등이 끊임없이 부침을 하며 젊음의 에너지를 쏟아내고 있다.

축제, 이벤트는 일상의 질서를 전복하는 집단 지혜이며 동시에 인류학적인 의식이다. 축제와 이벤트는 한국의 유별난 다이내믹을 북돋고 젊음을 촉구하는 집단적 행위다. 한국은 원래 흥이 많은 민족이기 때문에 이런 축제와 이벤트는 민족성에도 잘 맞는다. 한국 직장인들은 스트레스가 많고 노동시간이 길어 직장 만족도가 떨어지지만 대신 이런 일상의 축제를 통해 그를 해소하면서 새로운 에너지를 얻는 것이다.

이런 젊음의 열풍, 혹은 사회적 나이를 다시 계산해야 하는 '×0.7' 현상은 노년 중심이었던 한국의 DNA를 확 바꾸어 놓고 있다. 과거에는 없던 유전자다. 이제 60대는 노인 축에도 들지 못하고 환갑잔치를 열 생각도 별로 하지 않는다. 심지어 이들을 '액티브 시니어'라고 부른다. 나이 들어도 쉬지 못하게 만드는 이 나라는 확실히 독한(?) 나라다. 2016년에는 20~30대 취업자 수보다 50대 취업자 수가 더 많아지는 기현상이 벌어지기도 했다. 이를 노령화로 볼지, 아니면 노령자가 젊어질 수밖에 없는 젊음의 열풍으로 볼지는 확실하지 않다. 하지만 보다 중요한 것은 한국의 문화가 전체적으로 젊어지고 있고 이것이 히든 에너지인 것만큼은 틀림없는 사실이다.

일본은 프리터 족(free arbeiter)*, 영국은 니트 족(NEET)**, 이탈리아는 네네 족(ne ne)*** 등 젊은 친구들조차 겉모양새는 자꾸 늙어가고 있는 상황이다. 하지만 한국은 그렇지 않다. 가장 단적으로 스타트업 붐이 그렇다. 반면 일본은 기업의 종신고용 문화 때문에 스타트업 바람이 없다. 대신 그들 나라는 한국의 스타트업을 인수하려고 할 뿐이다. '헬조선'의 담론에서 죽창을 들자고 하는 것도 그만큼 혈기가 있기 때문일 것이다.

지금까지 한국의 히든 에너지를 살폈다. 불안의 다이내믹, 남에게 지고는 못 사는 평등문화, 종교전쟁 없는 나라, 공부력을 전수한 선비 정신과 최근에 불기 시작한 '젊음의 열풍 × 0.7' 현상까지. 중요한 것은 이들이 서로 독립적으로 떨어져 있지 않다는 사실이다. 이 5가지는 서로 사방에서 진을 치고 하나의 꼭대기를 구축하면서 피라미드 형태로 서로에게 영향을 주고 있다. 이들이 주춧돌처럼

---

* 프리 아르바이터의 준말. 특정한 직업 없이 갖가지 아르바이트로 생활하는 젊은층을 일컫는 말.
** 'Not in Employment, Education or Trainning'을 줄인 말로 일하지 않고 일할 의지도 없는 청년 무직자를 뜻하는 신조어.
*** 일을 하지도 공부를 하지도 않는 15~35세의 젊은 세대를 비꼬아 지칭하는 용어. '네네'는 이탈리아어로 'A도 B도 아니다'는 뜻.

기초가 되어 한국이라는 집을 지탱해주고 있는 것이다. 이 히든 에너지들은 한국이 세계 다른 민족들과 다른 독한 특성이며 한국의 다음 세대를 추동할 원동력과 원형이며 또한 이로써 한국이 세계에 기여할 것들이다.

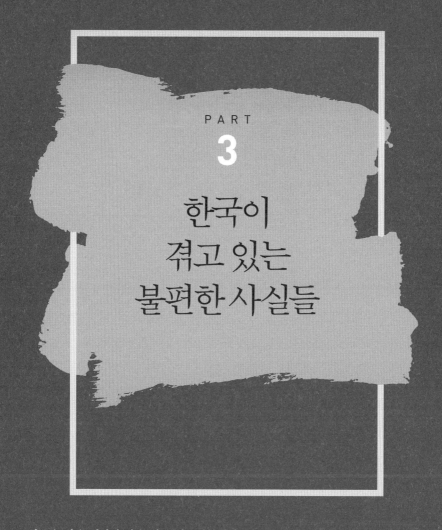

PART

3

한국이
겪고 있는
불편한 사실들

한국은 짧은 시간에 많은 것을 이루어왔지만, 반대로 너무 짧았기 때문에 놓친 것도 많았다. 속도의 경쟁 속에서 앞만 보고 내달려왔기에 어떤 가치들은 그 속도를 따라가지 못하고 내팽개쳐졌다. 또한 누군가 앞장서야 했기에 함께 하지 못했던 사람들도 생겨났다. 따라서 특정한 부류의 사람들은 배제되고 소외되면서 서서히 '괴물'이 되어가고 있었다. 성숙한 가치가 사회를 지탱하지 못하기에 때로는 천박한 문화가 곳곳에 남아 있기도 하다. 한국이 또다시 미래를 향한 반전적인 걸음을 내딛기 위해서는 이러한 부작용을 반드시 짚고 넘어가야 한다. 우리가 놓친 것과 부족했던 것들을 보완하는 것이 바로 미래로 향하는 첫 번째 발걸음이 될 것이기 때문이다.

단맛이 지배하는
한국 사회

: 답 없는 사회, 무한 경쟁의 체제가 만들어낸 반작용 :

우리 혀에는 미각세포들이 있다. 그 세포들로 인해 짠맛, 신맛, 쓴맛, 단맛을 구분할 수 있다. 진화학적으로 쓴맛은 독의 맛, 신맛은 발효의 맛이다. 인간이 생존하기 위해 이 두 맛을 구분하는 건 필수적이다. 그래서 이들 두 미각세포가 가장 많다.

반면 단맛은 문명의 맛이다. 진화론적으로 보자면 문명이 생기기 시작한 후대에 와서 발달한 미각이기 때문이다. 실제로 인간들이 단맛을 대규모로 향유하게 된 것은 중남미에서 재배된 사탕수수 등을 통해서였다. 단맛은 주로 어린아이와 피로를 잘 느끼는 노

인들이 좋아한다. 어린아이는 에스프레소나 소주의 쓴맛을 독으로
분류한다.

소설가 김훈은 맛을 "화학적 실체라기보다는 정서적 현상", "인
은 혓바닥이 아니라 정서 위에 찍힌 문양"*이라고 표현했다. 단맛
은 분명히 문명의 맛이고 행복한 정서로 찍힌 문양의 맛이다. 단맛
은 사람들을 행복감에 빠뜨리는 화학적 작용을 돕는다. 그런데 지
금 그 행복감의 맛인 단맛이 유난히 한국을 뒤덮고 있다. 그 이유는
이제까지 우리가 걸어왔던 급하고, 피로하며, 지나치게 경쟁적인
역사와 지금의 현실 때문이다.

달달한 유혹, 달달 코리아가 된 사연

1950년대 한국의 대표 산업은 설탕과 면제품, 밀가루로 이루어
진 삼백산업(三白産業)이었다. 1970년대 초반까지도 설탕은 귀한 대
접을 받으며 쓰임새도 많았다. 더운 여름날이면 시원한 설탕물을
마셨고 명절이면 선물용 설탕 포대가 오갔다. 그 후 산업이 발전하

---

* "라면이나 짜장면은 장복을 하게 되면 인이 박인다. 그 안쓰러운 것들을 한동안 먹
지 않으면, 배가 고프지 않아도 공연히 먹고 싶어진다. 인은 혓바닥이 아니라 정서 위
에 찍힌 문양과도 같다. 세상은 짜장면처럼 어둡고 퀴퀴하거나, 라면처럼 부박하리라
는 체념의 편안함이 마음의 깊은 곳을 쓰다듬는다." 『라면을 끓이며』 중에서, 김훈 지
음, 문학동네

고 선진국이 되면서 점점 더 단맛으로 뒤덮인 나라가 되어가기 시작했다. 하지만 이것이 전부는 아니다. 보다 중요한 것은 한국의 기업들과 부모들이 단맛에 너무 관대하다는 점이다. 이제 거리에는 뚱뚱한 어린이와 젊은이들이 쉽게 보인다. 그들은 입에 아이스크림, 초콜릿을 달고 다닌다. 젊은 친구들조차 노인들이나 할 소리인 "아, 당 떨어져"라는 말을 하면서 단것을 찾는다. TV 광고는 쉴 새 없이 피자, 아이스크림, 탄산음료, 치킨, 햄버거 같은 정크 푸드 광고를 쏟아내고 어떤 '국민 쉐프'는 노골적으로 'MSG 팍팍'과 '설탕은 듬뿍'이라고 말하곤 한다. 거리의 정크 푸드 가게는 셀 수 없이 많은 것이 현실이다.

일하러 나간 엄마는 미안한 마음에 아이들이 정크 푸드에 노출되어도 대책 없이 보고만 있다. 그동안은 화학조미료와의 싸움이었지만 지금은 설탕과의 전쟁이 전개되어야 할 판이다. 한국 국민들은 경제 성장 속도만큼이나 급격하게 단맛을 선호하게 되면서 전통 식단과의 급격한 단절과 그로 인한 체질 변화, 각종 질병의 초래를 경험하고 있다.

도시의 문화도 비슷하게 변해간다. 상품문화 1번지인 서울 강남은 '달달 1번지 타운'이기도 하다. 땅값이 비싸 빠른 소비가 절대적이기 때문에 식품마다 별다른 개성 없이 일단은 단맛으로 포장하는 마케팅이 필요하다. 비슷한 제품으로 포장하고 이익을 추구하면서 모든 것들의 값을 올려버리는 상황을 지칭하는 것이 바로 '강남화(Gangnamization)'라고 한다. 그런데 이 말을 만들어낸 사람은 한국인이 아닌 미국 온라인 뉴스인 '글로벌 포스트' 제프리 케인(Geoffrey Cain) 기자다. 그는 이렇게 말한다.

"전혀 조화가 안 맞는 토핑이 유행을 선도해 한 집 건너마다 '시저 샐러드 피자' 같은 낯선 메뉴가 올라올 때도 있다. 편의점에서 사온 값싼 떡볶이를 전자레인지에 후딱 돌려서 1만 8000원에 파는 것도 어쩌면 가능하지 않을까? 치즈를 잔뜩 얹어서 르크루제 냄비에 근사하게 담아내기만 한다면 불가능한 일은 아닐 것이다. 찍어 먹을 수 있는 꿀도 함께 제공한다면 금상첨화일 것이다."

'꿀도 함께 제공한다면 금상첨화'라는 지적은 한국의 달달한 허니(honey) 문화의 정곡을 짚었다. 물론 홍대 앞이나 이태원, 가로수길 등도 이런 금상첨화 허니 문화와 별반 다르지 않다. 이들 거리에서 요즘 20~30대들에게 인기 있는 먹거리 아이템은 막소사(막걸리 + 소주 + 사이다), 허니 아이스크림, 퐁듀 쭈꾸미, 설탕을 듬뿍 친 떡볶이 등이다. 이들의 공통점은 '달달'이다. 뿐만 아니다. 남자가 여자에게 초콜릿을 선물하는 밸런타인데이, 여자가 남자에게 답례로 사탕을 선물하는 화이트데이가 있으며, 11월에는 막대과자에 초콜릿을 바른 빼빼로를 선물하는 빼빼로데이가 있고 코카콜라와 달달한 크림 홀케이크를 선물하는 크리스마스가 있다. 단것들의 컬처 코드는 단연 '행복'이다.

무엇보다 이런 현상은 카운터문화(counter-culture)적인 의미가 깊은데 이제껏 한국을 발전시켜왔던 '독종 정신'의 반작용으로 초래된 것이 아닌가 싶다. 이는 '무조건 성공해야 한다', '무조건 이겨야 한다'는 독종의 극한 개념이 이제 한계에 달하고 그것을 피곤하다고 느끼면서 정반대로 '달달함'을 찾게 됐다는 가설이다. 힐링 열풍도 그중의 하나로 해석할 수 있다. 주어진 현실을 돌파하는 것이 너무 힘드니, 차라리 '힐링'이라는 이름으로 놓아버리고 싶은 것이다. 눈앞의 달달함으로 현실에 안주하고 싶은 마음이기도 하다. 이것은 곧 우리의 원동력이었던 '독종 정신'의 약화를 초래하는 것은 물론이고, 동시에 이제까지의 '독종 정신'만으로는 미래의 새로운 비전을 키울 수 없다는 의미이기도 하다.

식품 영양학에서는 "당신은 당신이 먹는 그 자체이다(You are what you eat)"라는 말이 있다. 식문화는 단순히 먹는 것에 그치지 않고 그 사람의 체질과 성격, 외형까지 바꾼다는 뜻이다. 문제는 개인적으로든 사회적으로든 방심하면 단맛은 사람의 정신건강을 심각하게 훼손시킨다는 점이다. 한 병원에서 중고생 7만여 명의 식습관과 정신건강을 분석한 자료는 이를 매우 정확하게 보여주고 있다. 가장 놀라운 사실은 주로 단맛이 나는 탄산음료, 과자, 패스트푸드를 많이 먹게 되면 자살 생각, 자살 계획, 자살 시도를 할 가능성이 현격하게 높아지며 슬픔과 절망감을 안겨준다는 점이다. 단맛이 지배하는 사회에서 사람들의 정신적 경쟁력은 낮아질 수밖에 없다. 특히 인력이 전부인 한국에서 인적자원이 좀먹고 있다는 것은 바로 핵심 자산이 약화되고 있다는 의미다.

'작은 사치', '탕진잼', 삶의 단맛을 즐기다

한국은 이런 달달한 행복 현상에 어느덧 익숙해져 있지만 이와는 맛이 달랐던 시대가 있었다. 그리 오래전 이야기도 아니다. 그때는 폭 삭인 홍탁처럼 냄새나고 독했으며 칡이나 고들빼기 같은 쓰고 질긴 야생 나물을 곧잘 먹었다. 맥주보다는 25도의 독한 소주나 백주를 마셨고 고려대학교 학생들의 통과의례였던 구두 막걸리는 오만상을 다 쓰면서도 코를 비틀며 마셨다. 그것이 남자라고 여겼다. 꼬린 내 나는 오징어구이와 짜디 짠 무짠지, 신맛의 오이지, 묵은지 김치도 당연하게 먹었다. 먹을 게 없고 세련되지 않았던 지질하고 가난한 풍경들이겠지만 '감탄고토, 감언이설' 등의 격언으로 단것을 경계하던 맛 문화도 그 배경에 있었다. 그러다 보니 당시에는 살찐 사람이 별로 없었다. 가난해서 그랬다고 착각하지 말자. 지금은 가난한 집에 살찐 아이들이 오히려 많다. 세계 최고의 정크 푸드 나라인 미국에서 비만자들은 주로 가난한 아프리카계이거나 중남미계, 게으르거나 포기한 자, 낮은 소득자들이다. 단것과 거리를 뒀던 과거 한국인들은 불행에 대한 내성이 강했고 참을성도 많았다. 그런데 지금은 그 흐름이 바뀌어가고 있다.

영국의 소설가 올더스 헉슬리(Aldous Huxley)의 『다시 찾아본 멋진 신세계』 중 '8장 화학적인 설득'에는 다음과 같은 글이 나온다.

"우리는 앞으로 몇 년 후에 순응성을 강화하고 정신적 저항력을 저하시키는 보다 새롭고 좋은 화학적 방법들이 발견될 것이라는 것을 확신할 수 있다. 다른 모든 것과 마찬가지로 이러한 발견은 좋게도, 나쁘게도 사용될 수 있다."

약 60년 전 글인데 마치 지금을 보고 쓴 글인 것처럼 느껴질 정도다. 올더스 헉슬리는 대중에 대한 생물학적, 화학적 지배 가능성을 항상 염두에 두었다. 그래서 나온 것이 바로 전작이었던 『멋진 신세계』에 등장하는 '소마(Soma)'다. 소마는 고대 아리아인들이 의식 집행 중에 사제나 귀족들이 짜내 마시던 추출물이라고 한다. 이는 행복감과 다행(多幸)증을 일으키는 종교 역할을 했다. 멋진 신세계의 인민들은 신경안정 및 흥분조작을 하는 소마 정(錠)을 성수처럼 배급받는다. 그는 1931년에 쓴 『멋진 신세계』의 27년 후인 1958년에 『다시 찾아본 멋진 신세계』를 썼는데 여기서 세뇌나 화학약품에 의한 권력 지배, 최면 학습의 가능성에 대한 우려를 더 강도 높게 표명했다. 그런데 이것은 60년 전 이야기가 아니며 어쩌면 오늘날 한국의 모습일 수도 있을 것이다.

한국의 달달한 음식문화는 이제까지는 전혀 다른 새로운 문화들을 만들어냈다. 가장 대표적인 것들이 바로 힘든 생산보다는 행복한 소비 쟁취, 심장보다는 위장, 느긋함보다는 당장, 의미보다는 기능이나 재미, '누르기'로만 행동하는 슬랙티비즘(slacktivism) 성향이다. 이러한 성향들은 뭔가 노력을 기울이지는 않으면서 삶의 달달함만 즐기려는 현상으로 나타나기도 한다. 힘든 생산보다 행복한 소비를 선호하고 '느긋함'보다는 '당장'을 선호하는 것은 요즘 20~30대 층에서 당연하게 받아들이는 문화이기도 하다. '소중한 나에게 주는 선물'이나 '작은 사치', '탕진잼'과 같은 경향들이 바로 그 사례다. 이러는 사이에 한국 기업들의 경제 생산성은 계속 떨어지고 있으며 저축률은 낮아지고 신입사원들의 직장 이직률은 전에 비할 바 없이 높아지고 있다. 당장 힘든 것을 참지 못하기 때문이다.

'느슨한 행동주의'를 의미하는 슬랙티비즘은 '해이함(slack)'과 '행동주의(activism)'의 합성어다. 자신의 노력이나 부담이 들어가야 하는 실질적인 행동은 하지 않으면서도 세상을 바꾸려는 소심하고 게으른 저항을 뜻한다. 오늘날 인터넷이나 SNS 등을 통해 말만 앞세우며 시민 참여나 집단행동을 부추기지만 정작 실행에 옮기는 데는 무관심한 행위를 비꼬는 말로도 쓰이고 있다. 물론 이러한 슬랙티비즘은 한국에서만 드러나는 것은 아니고 1980년대 이후 태어난 밀레니얼 세대(millennial generation)*들의 모바일과 SNS 문화가 일반적으로 만들어낸 것이기도 하다.

　1000만 명이 넘게 본 영화 「명량」도 스크린에서 '달달함'이 구현된 사례다. 나는 영화를 보면서 배우 최민식의 열연에 감동하고 통쾌한 승리에 쾌감도 느꼈지만 그럼에도 뭔가 개운치 않았다. 왜였을까? 그것은 아마 내가 현실 마케팅에서 경험한 것들이 있어서였을 것이다. 현실 마케팅에서는 성공 100퍼센트는 없다. 반드시 성공의 그늘이 있기 마련이다. 그것을 놓치면 성공의 덫에 빠진다. 일류 마케터는 항상 그것을 경계한다. 명량의 역사적 현실은 정말 영화 같았을까? 영화는 이순신 장군이 12척 배로 10배가 넘는 133척 왜선을 막은 대첩을 다뤄 힘 빠진 한국인들에게 카타르시스를 느끼게 해준 큰 공이 있다. 그런데 이 대첩 이야기에 빠진 것이 있다. 진도 명량대첩 축제에 초대받아 갔을 때, 그곳 계장님이 해준 뜻밖의 말이 있었다. 그의 이야기를 들어보자.

　"우리는 사실 좀 씁쓸합니다. 명량대첩에서 이순신 장군이 격파한 배는 31척이죠. 그럼 뒤에 숨은 100척의 왜선은 그냥 두려움에

---

*　미국에서 1982~2000년 사이에 태어난 신세대를 일컫는 말. 이들은 전 세대에 비해 개인적이며 소셜네트워킹서비스(SNS)에 익숙하다는 평가를 받는다.

도망갔을까요? 그들이 해남과 우리 진도에 상륙해서 남자들의 씨를 말렸어요. 해남은 육지니까 그나마 도망갈 곳이라도 있었지만 섬인 진도는……."

나는 그 말에 충격을 받았다. 만일 그랬다면 누군가는 전쟁의 이런 씁쓸한 이면도 다뤘어야 했다. 가장 입맛에 맞는 부분만 뽑아서 보여주면 결국 단맛 역사만 알게 된다. 일본은 메이지 시대 이후 자국에 불리한 역사를 가르치지 않는다는데, 우리는 그를 비난하면서도 정작 우리에게는 역사를 이렇게 달달하게만 보여줘서 되는 것일까?

1990년대까지 연극은 교양인들의 필수 오락 겸 공부였다. 당시 연극은 철학이나 노동을 주제로 했기 때문에 보는 것 자체가 스트레스인 경우도 있었다. 어쩌면 그 때문에 관객들이 연극을 떠났기도 했겠지만, 중요한 것은 우리에게 늘 생각할 거리를 주고 시대를 고민하게 만들었다는 점이다. 그런데 지금의 대학로에 가보면 20~30대가 좋아하는 '달달한 연극'들이 대부분이다. '작업의 정석', '발칙한 로맨스' 등의 로맨스 연극과 '라이어', '옥탑방 고양이', '죽여주는 이야기' 등의 코미디가 주류를 이룬다. 40대 이상 아저씨들이라면 불륜과 외도의 성적 코드가 담겨 있는 '교수와 여제자' 같은 연극에 몰린다. 이런 섹시하고 달달한 콘텐츠가 아니고서는 살아남을 수 없는 것이 현재 대학로 공연의 현실이다. 그 결과

연극인은 연극 무대를 기반으로 스크린으로 진출하고 유명 연예인이 되었을지언정, 시대를 고뇌하고 그 길을 제시하는 예술인으로 인정받기는 어려워졌다.

문명의 맛인 단맛을 선호하는 것은 인간의 기본적인 성향일 수 있다. 그럼에도 한국이 특히 문제가 되는 것은 그 성향이 매우 강하고 빠르기 때문이며, 우리의 핵심 자원인 사람의 나태함을 부르기 때문이다. 뿐만 아니라 한국의 핵심적인 성장 동력이었던 강인함, 인내심, 공부력, 저돌적 돌파력을 약화시키고 있기도 하다. 이는 독종 정신에서 벗어나 그 후유증으로 달달함을 찾으려는 사람들이 늘어난 결과일 것이다.

성 역할의 이상 징후,
아빠처럼 사는 여자들

: 부정적인 모성애와 브랜드가 결합했을 때 :

오늘날 유교권 국가들에 남아 있는 나쁜 전통 중의 하나는 바로 남녀유별 사상이다. 이것의 뿌리는 고대로 거슬러 올라간다. 고대에 만들어진 한자에 남(男)은 힘들여 밭을 가는 모양새이고, 여(女)는 손을 앞으로 모으고 무릎을 꿇고 앉아 있는 모양을 본떴다. 남자는 노동하는 사람이고 여자는 그런 남자를 모시거나 신(神)을 모시는 형상이라는 뜻이다. 이처럼 문자로만 봐도 남자와 여자의 위상을 알 수 있다.

시간이 흐르면서 성리학에서 이러한 남녀를 차별하는 생각은 굳

건해지고 강력해졌다. 특히 성리학이 무려 500년 동안 만개했던 조선 시대에 우리나라는 오히려 중국보다 강력한 유교 국가가 되어버렸다. 남자는 지독하게 공부하며 국가로 나아가 일을 했지만 여자들은 500년 동안 활동이 부정되었으며 모성애만 강요받았었다. 그러나 여기에서 끝이 아니었다. 무엇보다 한국이 빠르게 발전하는 과정 속에서 그녀들의 희생은 너무도 당연시 되었고 그것이 극도의 한계선까지 몰렸다. 우리 부모님 세대만 해도 아내를 '집사람', '안사람'이라고 부르는 경우가 많았다. 이는 결혼한 여성들의 위상을 그대로 보여준다. 남자들이 한강의 기적을 일으키며 독종 정신으로 일하고 있을 때, 여자들은 독한 한을 품으며 돈을 아끼고 자식을 키우면서 대한민국 경제 성장에 기여했다.

그런데 언제까지나 그렇게 살 수는 없었다. 경제가 좋아지고 이제 더 이상 배고픔 때문에 고생하지 않아도 되는 시대가 되면서 엄마들은 성장한 딸에게 삶의 비밀을 알려주기 시작했다. '너는 제발 나처럼 살지 말라'는 은밀한 주문이었다. 이제 풍요로운 '대한민국 자본주의'에서 엄마로 살게 된 그녀들은 전혀 다른 스타일의 삶을 살아가고 아이들을 교육시키기 시작했다. 이것은 현재의 우리 대한민국을 일으켜온 '독종 정신'이 양산한 또 다른 부작용이라고 할 수 있다. 그것은 바로 비뚤어진 교육열, 그리고 전 세계에서도 유례를 찾아볼 수 없을 정도의 '브랜드 사랑', 그리고 '강한 여성'이라는 또 다른 방식의 자기 억압이다.

도시의 고학력 주부, 브랜드에 빠지다

한국의 여자들은 조선 시대의 가문 중심 문화와 그에 따른 혹독한 여성 차별 문화 속에서 '한의 문화'에 익숙해졌고 그 힘이 약화되었고 억압받아왔다. 이러한 상황에 반전의 계기가 시작되었던 것은 1948년 제헌헌법이었다. 당시 여성 참정권이 보장되고 한국만의 엄청난 국민적 교육열과 그 후 인구 폭발로 '아들 딸 가리지 말고 하나만 낳아 잘 키우자' 운동이 벌어지면서 여권이 급부상했다. 500년간 한을 품었던 그녀들이 1980년대 이후부터는 무서울 정도의 존재감을 드러내었다.

겉으로 나타난 것이 바로 양궁과 골프선수들이며, 각종 고시와 공무원 시험 등에서도 남자들보다 여자들의 파워가 더 세다. 정치 분야에서도 그 활약이 눈부시다. 그런데 그렇게 빠른 부상에도 불구하고 오랫동안 쌓여온 남녀 간의 역할과 의식의 불균형으로 여자들의 능력이 부정적으로 발현되기도 한다. 그 대표적인 사례가 바로 오늘날 '도시의 고학력 주부'들이 보여주는 지나치게 강한 교육열이다. 그녀들은 어머니에게 "너는 나처럼 살지 마라"는 말을 귀에 따갑게 들으면서 그 교훈을 가슴에 새긴 독한 딸들이다.

그러나 최소 1960년대 이후에 출생한 그녀들은 당시 사회 조건 상 사회에서 당당한 역할을 할 수 없었다. 대학 졸업 후 26~28세가 되면 결혼을 했고 바로 아이를 가졌다. 그 후 아내와 엄마로서의 역할만이 주어졌다. 내 아내가 딱 그러했다. 그러나 이들은 과거의 여자들과는 달랐다. 이들은 소위 배운 여자들이었다. 그들이 엄마가 되기 시작하면서 과거 엄마로부터 들은 이야기를 하나하나 실천해 나가기 시작했다. 더 이상 엄마처럼 살지 않기로 결심한 것이다. 학원과 헬스를 다니고 쇼핑에 과감하고 자기 관리를 잘해 매력적이며 유능하기까지 하다. 과거 세대의 엄마들과는 완전히 단절된 라이프스타일을 가지고 있는 새로운 엄마들이 탄생했다.

그런데 이것이 '교육'으로 뻗치기 시작했다. 무엇보다 이제 한국 사회는 '모두 가난해도 행복했던 시절'이라는 터널을 벗어나고 눈부신 고속열차를 타기 시작했다. 그러다 보니 더디게 가는 사람과 빨리 가는 사람의 차이가 눈에 띄게 확연해졌고, 이 사실을 목도한 엄마들은 '내 아이는 나보다 더, 훨씬 더 좋은 조건에서 살아야 해'라는 신념을 가지기 시작했다. 그래서 드디어 과거의 엄마와는 다른 스타일로 살면서도 자녀 교육에는 강렬한 열정을 보이는 '맘(mom)'이 탄생하게 된 것이다. 그런데 여기에 한 가지 사회적 배경이 추가되었으니 바로 자본주의가 이들 맘들을 정면으로 타깃팅하면서 '브랜드'를 설파하기 시작했다는 점이다.

1990년대 후반에 밀리터리 룩을 한 신세대 엄마가 아이를 안고 '내 아이는 다르다'라며 당당하게 외치던 프리미엄 우유 광고가 있었다. 그 시점부터 여성만을 위한 콘셉트 가구, 여성 전담 광고회사, 여성 전용 주차장, 여성 전용 스파, 여성 전용 백화점 등이 줄지어 나왔다. 맘 파워는 2000년대 중반쯤에 등장한 돌싱, 골드 미스와는 차원이 다르다. 골드 미스들은 강남이나 이태원 경리단길, 북촌과 서촌 정도에서만 움직이며 자신을 위한 소비만 할 뿐이다.

반면 강남, 목동, 분당과 판교, 수원, 평촌, 일산, 대구, 해운대 등을 주름잡는 맘들은 소비 바다의 진정한 고래다. 그래서 카드사, 증권사는 물론이고 정수기, 제약회사, 학원까지 수많은 기업이 '여자라서 행복해요', '당신 아기는 달라요', '당신은 소중하니까요'라고 부추기며 여성 전용, 주부 우대를 맹세한다. 그래서 맘들의 지갑을 열기 위한 광고, 커뮤니티 마케팅, 초청 이벤트 등이 풍성하게 열리곤 했다. 그리고 이 모든 과정의 한가운데에는 바로 '브랜드'가 내세워지기 시작했다.

남들과 차별화되기를 원했던 엄마들의 마음을 누구보다 잘 알아차린 기업들은 맘들의 마음을 움직이는 결정적인 방향타를 브랜드로 잡았다. 그래서 이것은 먹고 자고 입는 모든 것을 지배하기 시작했다. 아이가 태어나면 수백만 원짜리 유모차를 사야 하고, 분유는 단연 해외 산양 분유 브랜드여야 한다. 자녀들이 초등학교에 들어

117

가면 수십만 원짜리 가방을 사주는 일이 당연한 엄마들이 등장했던 것이다. 그것뿐만 아니다. '자이에 사냐, 일반 아파트에 사느냐'는 인생의 질 자체를 다르게 만들었다. 그런데 이 브랜드에 대한 의존도는 엄마들에게만 한정된 것이 아니라 이제 아이들에게까지 전이되기 시작했다. 아이들은 엄마가 해주는 밥을 먹고 자라면서 엄마와 비슷한 체질이 되듯, 엄마가 선호하는 브랜드를 좋아하게 되면서 '브랜드 키즈'가 되기 시작한 것이다. 물론 엄마의 사랑의 자리를 브랜드가 대신한 것은 당연한 일이었다.

"너 토요일 생일이잖아. 친구들 불러. 엄마가 맥도널드에서 생일 파티 해줄게."

"와, 엄마 최고. 나 걔들하고 롯데월드 가도 돼?"

"카드 줄게. 그 대신 학원 열심히 다녀. 다음엔 아이패드 사줄게. 미안하고 사랑해."

시간이 없는 엄마의 자리에 대신 브랜드가 들어온다. 1967년 프랑스의 작가며 혁명가인 기 드보르(Guy Debord)가 쓴 아래 글은 바로 이러한 현실에 잘 들어맞는다.

"결과적으로 자신과 소원해진 운명을 수동적으로 매일 감내해야 하는 사람은 마법적인 기술에 도움을 청하면서 이 운명에 눈속임으로 반응하는 광기를 향해 내몰린다. 상품의 수용과 소비가 반박할 수 없는 소통에 대한 가장된 반박의 중심에 있다."*

한국의 맘들이 브랜드를 사랑하고 자녀들의 사랑을 브랜드로 대체하고 있는 동안, 우리 아이들은 매우 비정상적인 환경에서 자라왔다. 강남을 주야로 거치다 보면 학생들이 학교까지 혼자 등교하는 것이 아니라 엄마가 차로 직접 등교시켜 주는 모습을 흔히 볼 수 있다. 저녁에는 학원까지 차로 마중나가 직접 데려오는 모습이 쉽게 눈에 띈다. 어떤 독한 엄마들은 자식들의 입사 면접 코칭까지 하고 자식이 승진이 되지 않으면 회사 상사에게 전화를 하기도 한다. 이른바 헬리콥터 맘의 출현이다. 여기에서 위험한 것은 지금 거리와 학원가에서 떠도는 아이들이 양산되고, 브랜드에 빠진 아이들이 많아지고, 정크 푸드에 뚱뚱해지고, 공부에 눈이 혹사당해 초등학생부터 안경을 끼는 아이들이 많아진다는 것이다.

최근 초등학생 잔혹 동시(童詩)로 논란이 있었다. 아직 열 살밖에 안 된 초등학생의 동시집 『솔로 강아지』 「학원 가기 싫은 날」이라는 제목의 시에는 "학원에 가고 싶지 않을 땐 눈깔을 파먹어 이빨을 다 뽑아 버려"라는 구절 등이 담겼다. 이 시가 실린 페이지에는 입 주변이 피로 물든 채 앉아 있는 여성의 삽화가 그려졌다. 이는

---

* 『스펙타클의 사회』, 기 드보르 지음, 유재홍 옮김, 테제 219, 울력, 2014년

충분히 '사건'이라고 할 만했다. 강남 3구 중 하나인 모 구에서는 고등교육을 받은 많은 엄마들이 중고생 자식들에게 맞고 있다는 얘기도 직접 들었다. 엄마는 지나치게 아이들을 떠받들며 키우고, 사회는 아이들을 억압하는 이중적 구조의 결과이기도 하다. 그렇다고 이들 맘 탓만 할 수도 없다. 개인적으로 볼 때 이들은 여성 차별 사회인 한국에서 이중, 삼중의 유리 천장을 뚫고 치열한 삶을 사는 주인공들이다. '줌마렐라', '슈퍼맘'이라는 호칭도 아깝지 않다.

엄마들의 고백

한국의 아줌마들은 '브랜드 맘'이자 동시에 '캐피털 맘(capital mom)'이기도 하다. 이는 자본주의와 직장 그리고 이미지, 역할 모델 등이 그녀들에게 가정에서 벗어나길 유혹하거나 강제하기 때문에 생겨난 것이다. 이런 관점에서 보면 브랜드 맘과는 또 다른 정체성이 만들어진다. 연세대학교 조한혜정 전 사회학 교수는 이를 "엄마처럼 살기 싫어 결국 아빠처럼 사는 여자이고……. 직장 내 경력 단절을 무서워하는 여자들의 정체성"이라고 말했다. 이들은 직장도 소비도 엄마도 놓칠 수 없는 캐피털 엄마가 되어버렸다. 그러다 보니 그녀들에게는 어떤 강한 힘을 가지고 경쟁하는 뛰어난 여자로서의 역할이 부여된다. 힐러리 클린턴(Hillary Clinton), 앙겔라

메르켈(Angela Merkel), 세라 페일린(Sarah Palin)과 바버라 부시(Barbara Bush) 등이 비교적 올드한 이미지 모델이라면 페이스북의 최고운영책임자인 셰릴 샌드버그(Sheryl Sandberg), 미국의 의료기기 기업 테라노스의 창립자인 엘리자베스 홈스(Elizabeth Holmes), 중국 소호 차이나(SOHO China) 최고경영자 장신(張欣) 등이 30~40대 여성들의 역할모델이다.

셰릴 샌드버그는 1969년생으로 하버드대학 경제학과를 최우수 졸업생으로 졸업했고, 매킨지에서 근무 후 클린턴 정부 재무성에서 근무했다. 2001년에 구글 입사 7년 뒤 부사장이 되고, 페이스북에 합류해서 연봉 3억 달러의 최고운영책임자로 일하고 있다. 그녀가 방한해 연세대에서 강연할 때 여성들에게 "드세다, 나대다를 즐기라"고도 했고 자신은 이혼하고도 자식들을 잘 키웠다고 자랑도 했다.

소호 차이나 창업주인 장신은 열네 살에 홍콩 공장에서 일할 정도로 가난했다. 5년간 모은 돈 500여만 원을 가지고 영국으로 건너가 서식스대학(University of Sussex)과 케임브리지대학(University of Cambridge)을 거쳐 월가에 입성했다가 중국의 변화 물결에 동참하겠다며 또 한 번의 도전을 감행한다. 중국으로 돌아간 장신은 지금의 소호 차이나 공동회장인 남편 판스이(潘石屹)를 만나 부동산 개발에 뛰어들면서 억만장자 반열에 오른다. 장신은 '베이징 건축가'

로도 유명하다. 베이징 스카이라인을 만든 장본인이기 때문이다.

한국의 엄마들은 이러한 부와 젊음, 강한 엄마의 프레임에 상당한 영향을 받고 있다. 또한 여성들 스스로도 이런 동경을 스스로 내재화한다. 이런 신드롬을 일명 '걸크러시(girl's crush)'라고도 한다. 여자가 여자에게 반하거나 동경하는 행위를 의미하는 신조어다. 그러나 한편으로는 아이를 위한 맛을 낼 줄 모르며, 아이를 위한 시간은 더더군다나 없다. 물론 여러 악조건 속에서도 훌륭한 슈퍼맘들이 많다는 것을 부정해서는 안 될 것이다. 하지만 실제로 나는 "아이 양육하기 힘들어서 회사에 다닌다"라는 엄마들의 고백도 꽤 들었고, 어떤 엄마는 "아이를 낳고 회사에 복귀하는 것이 바로 힐링"이라는 속내도 들었다. 그 이유는 여러 가지다. 아마도 배후엔 '고작 아이나 키우라고 그 많은 돈 들여 가르쳤니?' 하는 엄마의 목소리가 있고 전업주부들에 대한 사회적인 폄하도 있을 것이다. 여기에 하나를 더 꼽자면 여성이며 맘인 그녀들에 대한 사회적 보호 시스템이 유럽 국가들 대비 현저하게 불비(不備)하기 때문일 것이다.

한국의 맘은 많은 노력을 해왔고, 지금의 시대를 이겨내기 위해 노력하고 있다. 그녀들은 "당신이 한국에서 엄마 해봤어요? 미친 시대잖아요. 난 미칠 것 같은 시대에 최선을 다하고 있다고요"라고 항변할 것이다. 하지만 그럼에도 불구하고 현재 한국 사회의 '맘

문화'는 많은 것들이 왜곡되어 있으며 비정상적이다. 서울 강남에서도 잘 나가는 모 지역은 이른바 많이 배우고 교양 있고 부자 엄마들이 많은 지역이다. 그런데 많이 배운 그 지역 엄마들의 우울증이 타 지역보다도 오히려 높다는 충격적인 내부고발이 있을 정도다. 맘이 위험하면 가정이 위험하고 가정이 위험하면 공동체의 미래도 위험할 수밖에 없다. 새로운 한국 사회를 위해 맘들의 문화가 바뀌어야 하는 이유가 바로 이것이다.

:

일베와 헬조선,
우리 사회를 설명하는 또 하나의 틀

: 취업 전쟁에서 열외 되고 소득 분배에서 막차를 놓친 젊은이들 :

'일베', '헬조선'이라는 용어들은 하나의 도시 괴담을 닮아 있다. 그들이 쓰는 표현에는 비하와 저주, 어두운 미래가 복합적으로 섞여 있다. 그러나 이들은 한국이 그동안 놓친 것들, 달달해진 사회가 지불해야 할 것들이 무엇인지를 정확하게 보여준다는 점에서 제대로 들여다보아야 할 상징 같은 존재들이다.

지금 젊은 세대는 너무 빠른 성장에서 도태된 소외층, 그중에서도 특히 인생에서 무엇보다 중요한 취업 전쟁에서 열외 되고 소득 분배에서 막차를 놓친 집단이다. 그들의 단면은 '일베', '헬조선'

등과 같은 용어로 드러난다. 헬조선은 사회를 비난하는 수준이 아닌 그 사회의 정점에 있는 국가 자체를 비난하는 정도로 진화했다. 더불어 '헬+조선'에서는 한국을 조센징으로 비하하던 일본 제국주의자들의 시선마저 느껴진다. '개한민국', '지옥불반도' 같은 용어들은 판타지의 성격이 담긴 저주이기도 하다. MB 정권 때 출현한 일베와 박근혜 정부 때 나온 헬조선, 이 둘은 닮은 듯하지만 다른 면도 있다.

민주화를 조롱하는 일베

일베는 무엇인가? 위키 백과의 정의에 따르면 '일베저장소(일간베스트 저장소, 약칭 일베)는 '유비에이치에서 통신판매업으로 운영하고 있는 대한민국의 인터넷 커뮤니티'라고 소개되어 있다. 주로 정치, 유머 등을 다루고 있으며, 2010년경부터 커뮤니티 사이트인 디시인사이드의 사용자들이 갈라져 나와 활동하게 된 것이 시초라고 덧붙여져 있다.

일베는 노무현 대통령 비하 표현 사건으로 국민 대부분이 알게 되었을 만큼 그 정치 성향이 극우적이다. 유저들의 단어 패턴을 분석한 일베 리포트에 따르면 일베에 가장 많이 올라온 주요 주제어는 욕설이었다. 그리고 '여자, 노무현, 종북, 광주, 盧(노), 오유, 민주화, 섹스' 등이 뒤를 이었다. 일베에서 '민주화'를 비추천의 의미로 쓰는 것이 큰 논란이 되었는데, 이렇게 '민주화'를 상반된 의미로 사용하는 것은 21세기 민주 사회 대한민국에서 살아가는 사회구성원으로서 자질이 없는 행동이라는 비판을 받았다. 이들은 역사 인식이 약하고 표피적으로 드러난 것들에 자극적인 표현을 많이 하곤 한다. 이러한 현상들에는 분명히 달달해진 한국의 어두운 단면인 깊이 없음, 제대로 된 의미보다는 표피적인 재미, 자기 성찰보다는 타자 비방 등의 코드가 담겨 있다.

일베가 이처럼 보수적, 공격적 논리 속에서 기성의 도덕적 권위에 대한 감정적 공격과 비윤리적 자기 정당화로 자기만족을 얻는다면, 헬조선은 나름대로 사회 구조적 분석을 하면서 자신들의 불만과 좌절을 논리적으로 표현하고 있다.

그들에 의하면 이 나라의 헌법을 입도하는 최상위 법은 '유전무죄 무전유죄법'이다. 그 밑에 떼법과 국민정서법이 있고, 그다음에야 헌법이 있다. 헬조선에서는 사회의 모순을 지적하면 빨갱이나 패배자가 된다. 이곳에선 '열쩡'과 '노오력'이라는 단어로 모든 사회 문제가 해결되리라 믿어야 한다. 물론 이 조롱의 빌미는 정부 관료와 정치가들이 제공했다.

헬조선에 대한 정의에는 1997년 외환 위기 이후 구조적 결함이 드러난 신자유주의에 대한 경멸도 있고, 세월호 사고 처리에 대한

야유도 있다. 과거 박근혜 정부의 실체를 보면 그들의 주장이 뼈에 사무칠 정도로 타당하게도 들린다. 무능한 대통령을 대리로 세워놓고 권력을 호가호위로 누리면서 그 자식들은 대학교에 부정 입학을 시켰고, 심지어 교수가 대리 과제를 해주었다. 또한 굴지의 대기업들은 그녀들에게 승마 비용을 대주었다. 그래서 헬조선에 사는 그들은 "이게 나라냐", "헬조선인 줄 알았는데 고조선이다"라고까지 말한다. 정부가 잘못해서 나라가 망했는데 국민이 욕을 먹고, 국민한테 문제가 생기면 아무도 책임지지 않고, 네 목숨은 네가 알아서 챙겨야 하는 국가, 이들은 그래서 '개한민국'을 떠나자고 제안한다. 이러한 주장에 대해 '너희들의 유약함을 알아라'라는 식의 비평이 있는 것도 사실이다. 하지만 이는 기자가 먼저 헤드라인부터 적어 놓고 글을 쓰는 듯한 인상이다. '헬조선'이라는 담론이 나오게 된 배경에는 분명히 고도성장을 한 한국이 놓치고 온 것들이 있다. 지나친 성장 중심, 기득권들이 마땅히 했어야 할 노블레스 오블리주의 부재가 그러한 헬조선의 원인임을 부정하는 꼴이다.

모든 세대는 세대마다 다 그들만의 어려움이 있고 그 세대는 그 세대대로 방법을 찾아 어려움을 뚫고 가야 한다. 6.25세대, 4.19세대, 386세대도 다 어려움이 있었지만 그들 나름대로 산업화와 민주화라는 방식으로 돌파하며 전진했다. 그리고 그 과정에서 그들은 독종이 되었다. 그러나 그 후에 태어난 일베, 헬조선 세대는 이

전과는 전혀 다른 문제에 봉착해야만 했다. 앞선 세대들이 전쟁, 독재 같은 외부적 환경이나 지독한 가난 등과 싸웠던 것과 달리 일베나 헬조선 세대들은 내부적인 문제, 즉 기성세대들이 만든 문제들과 싸워야 했다. 시쳇말로 아버지가 싸질러 놓은 분비물과 싸워야 하는 것이다. 이들 중 어떤 것들은 세계적인 저성장 기조로의 진입 같은 구조적 문제에 의한 것일 수도 있다. 어쨌든 헬조선 세대는 그 모든 원인을 기성세대에 겨누고 있다.

그런데 기성세대가 보기에 이들 젊은 세대는 성장기를 달달한 코리아에서 컸기 때문에 칡뿌리를 끝까지 빨고, 신 김치를 먹어야 했던 앞 세대의 독종다움이 부족해 보일 것이다. 바닥까지 가본 적이 없다는 것이 그 이유다. 그래서 기성세대들은 그들이 어려보이고 투정만 부리는 것 같아 못마땅하게 보인다. 반대로 헬조선 세대들은 기성세내들이 말하는 독종스러움 또는 열정과 노력이라는 것이 허위로 보이고 그들의 미래 착취를 포장한 열정 페이로 본다.

두 세대들은 이렇게 서로 다른 입장, 서로 다른 기질에서 싸우고 있다. 하지만 분명한 것은 이들 일베, 헬조선 세대가 사실은 한국이 빠르게 선진국이 된 대신 놓친 것들의 자연스러운 발현이라는 점이다. 그리고 기성세대가 이제까지 한국을 이끌어온 만큼 현실의 책임은 분명 어른들이 져야 하는 것은 맞는 말이다. 그들의 유약함을 탓하기 전에 그들이 유약해진 환경을 만들어낸 어른의 문제이며, 그들에게 도전하고 열정을 발휘할 수 있는 사회를 만들어주지 못한 부모들의 문제라는 것이다.

창맹(創盲)들에 의한
비창조적 사회로의 진입

∶ 창조의 가치에 눈감은 대기업 임원과 공무원 사회 ∶

고성장에 도취한 한국이 놓친 것 중에서는 단연 창의성 부문을 빼놓을 수가 없다. 인구가 빠르게 늘면서 '만들면 팔리는 시대'에서 그 과실을 따먹고, 정신없는 성장의 과정을 파도처럼 타고 왔던 한국 사회에는 창조, 창의라는 유전자가 깃들 틈이 없었다. 지독한 근면과 충성심, 그리고 일사불란함과 빠른 모방이면 충분했다. 그래도 성장할 수 있었고 그 성과를 즐길 수 있었기 때문이다. 그런데 창조를 무시하고 온 그런 성장 동력이 이제 새로운 단계로 가야 할 한국의 발목을 붙잡고 있다.

J박사의 하소연

J박사, 그녀가 한국에서 겪은 이야기를 해보고자 한다. 그녀는 필자가 회사 마케팅 기획부장으로 일할 때 '상상 프로젝트' 기획에 대한 영감을 주었고 브랜드 매니저일 때는 스토리텔링 아이디어를 주기도 했던 나의 우뇌 멘토였다. 그녀는 프랑스에서 미학을 공부하고 다국적 광고회사인 매켄 에릭슨(McCann Erickson) 파리에서 CD(Creative Director, 제작팀장)로 1년 일하다가 귀국해서 비디오아트와 브랜드 스토리텔링 일을 하고 있었다.

2005년의 어느 날, 그녀가 시무룩한 표정으로 말했다.

"5성급 호텔 비디오아트 일을 1년 했는데, 브로커한테 사기를 당했어요."

"엇, 그래요?"

"다른 몇 군데도 했었는데 다 견적의 반을 후려치네요."

"박사님 견적이 좀 세잖아요."

J박사가 고개를 흔들었다.

"아니요. 한국이 크리에이티브 인정 비용이 약한 거예요. 비슷한 일을 하고 프랑스에서는 한국보다 두 배 이상 받았었어요."

"물가나 소득 차이 감안해서요?"

"물론이죠. 한국은 내가 20년 미학 공부한 걸 돈으로 인정하지 않아요."

6개월 후 그녀는 프랑스로 돌아갔다. 한두 번 미련처럼 한국을 찾더니 그 뒤로 다시는 한국을 찾지 않았다. 나는 그녀가 떠나는 데에 그들, 즉 '창맹(creative idiot)'들이 개입했다고 생각한다.

창조와 관련해서는 경험상 네 부류의 사람이 있다. 첫 번째는 창조에 대한 재능을 가진 5퍼센트 정도의 사람들이다. 이들은 재능은 있으나 대체로 심성이 여리고 사회성, 기획과 사업 능력이 약하다. 컴퓨터 업계의 천재 스티브 워즈니악(Steve Wozniak) 같은 사람이다. 두 번째는 창조적 재능을 가진 사람들을 돕는 사람들이 있다. 이들은 정작 창조인들보다 적은 1퍼센트 정도다. 이러한 사람들은 소위 '창조 프로듀서'라고 할 수 있다. 이들은 안목과 비전이 있고 이를 사업으로 풀어내는 데 뛰어난 능력자다. 케이팝 스타들을 키워낸 이수만이나 박진영 등 엔터테인먼트 기획자들, 스티브 워즈니악과 디자이너 조너선 아이브(Jonathan Ive)를 발굴한 스티브 잡스 같은 사람들이다. 세 번째는 창조에 관심 없거나 불능인 사람들이다. 대다수의 사람들이 여기에 속한다. 그러나 그들 존재 자체가 문제는 아니다. 그들은 굳이 창조적인 사람들의 뒷다리를 잡지 않기 때문에 가만히 있으면 별 문제는 생기지 않는다.

문제는 네 번째 부류의 사람들이다. 창조적 재능인과 창조 프로듀서를 훼방하고 질시하며 공을 가로채는 사람들이다. 전체의

10퍼센트 정도로 보인다. 바로 이런 이들이 앞의 J박사를 실망시킨 사람들이다. J박사 이외에도 외국 출신의 많은 창조적 인재들이 한국 기업, 대학교, 연구소 등에 왔다가 창맹들의 완강한 벽에 부딪혀 한국을 떠나고 말았다. 글을 모르면 문맹이라고 부끄러워하는데, 이들 창맹은 부끄러움도 모른다. 심지어 그들은 자신들이 이성적이고 분석적이며, 감성적이고 나약한 창조인들이 회사를 위험에 빠지게 하므로 자신들이야말로 회사를 지키는 마지막 이성의 파수꾼이라고 자랑하기까지 한다. 이들은 새로움, 발상의 전환, 지속 가능성, 사회적 가치에 아무런 관심도 두지 않는다. 그보다는 빠른 성장, 중단 없는 전진, 눈에 보이는 단기매출이 중요하다. 심지어는 이렇게까지 말한다.

"물건이 안 팔리면 친구, 친척, 애인에게 가서 팔고 협력업체 기술을 슬쩍 우리 회사 것으로 만들고 회사 이윤을 내."

단지 눈에 보이는 매출만을 중시하는 경영자 입장이라면 그들이 충신으로 보이기도 한다. 이는 유명한 미국 바이크 할리 데이비슨의 사례와 정반대다. 할리 데이비슨은 제2차 세계대전 때까지 매우 잘 나갔다. 그러다가 1970년대 들어 일본과 독일의 상대적 저가에 고성능 바이크들이 진격하면서 파산 지경까지 이르렀다. 할리 데이비슨 브랜드는 느리고 시끄럽고(noise) 비싸기만 하다고 조롱받았다. 이런 상황에 보통의 한국 기업 같으면 우선 발등에 불을 끈다고 구조조정에 할인과 외상, 연고(緣故) 판매를 동원했을 것이다. 그런데 할리 데이비슨의 해법은 달랐다.

1981년에 입사한 CEO 리처드 티어링크(Richard Teerlink)는 변화, 리더십 그리고 할리 문화의 강화를 내세웠다. 구조조정을 해야 했지만 남은 종업원과 고객-협력업체의 고리를 강하게 연결했다. 또한 자신들의 바이크는 바이크가 아니라 '아메리칸 스피릿'을 파는 것이며 바이크가 내는 소리는 노이즈가 아니라 사운드라고 정의한 것이다. 할리 데이비슨 유저들이 이에 환호했고 이후 모든 것이 바뀌었다. 미국을 상징하는 독수리, 태양 등의 이미지들이 할리 데이비슨을 장식했고 호그(H.O.G. 할리 오너드 그룹)들은 도시와 교외를 느긋하게 말 타듯 다녔다. 이제 할리 데이비슨은 바이크라기보다는 미국을 타는 자부심으로 생각한다.

이게 바로 창의인데 한국은 아직 그런 리더보다는 창맹들이 더 많은 것이 현실이다. 왜냐하면 9시에 출근해 6시에 퇴근하는 전일제 근무도 아니고, 아침 8시에 출근해 저녁 10시까지 야간 근무에 주말도 없이 일하게 하고 창의적인 인재를 이지메하기 때문이다. 그러나 그런 창맹들이 대체로 그동안 한국의 외형적인 성장을 견인해왔다. 1980년대 이후 태어난 밀레니얼 세대들이 50대를 넘긴 그들의 아버지나 다른 회사 중역들하고 이야기하면 이야기가 안 통하고 벽 앞에 선 것 같다고 느끼는 것이 바로 그 때문이다.

화난 원숭이 실험

창맹들이 권력을 차지하고 관리자가 되면 창조의 길은 더디고 암울할 수밖에 없다. 창조의 어린 새가 세상을 바꾸기 위해 힘차게 날아오르려다가도 금세 이들에게 발목을 잡혀버리기 때문이다. 사실 이러한 한국 사회의 현상에 대해서 창맹들이 모든 책임을 뒤집어쓰기도 사실상 어렵다. 그들 역시 그렇게 된 데에는 나름의 이유가 있기 때문이다.

일명 '화난 원숭이(Angry Monkey Experiment) 실험'이 있다. 원숭이 5마리가 들어 있는 실험실에서 높은 나무 막대기에 바나나를 달아놓고 한 원숭이가 바나나를 따 먹으려 올라가면 갑자기 천장에서 찬물을 퍼붓는 실험이다.

처음에 용감한 원숭이 한 마리가 올라간다. 당연히 찬물을 뒤집어쓰게 되어 있다. 전부 화들짝 놀라다가 잠시 후엔 다른 원숭이가 올라간다. 역시 찬물 세례를 받는다. 결국 원숭이들은 바나나를 포기한다. 실험은 여기서 끝나지 않는다. 잠시 후 놀라운 실험이 벌어진다. 실험자들은 기존 원숭이를 하나 빼고 새로운 원숭이를 실험실에 넣는다. 그러자 매우 특이한 문화가 형성된다. 찬물 사건을 알지도 못할 그 신참 원숭이는 아예 바나나를 먹으려고 시도하지 않는 것이다. 이미 찬물 맞은 원숭이들이 하지 말라고 하기 때문이다.

이 실험은 관료화된 조직이 왜 창조를 하지 않는지를 잘 보여준다. 과거에 묶여 있는 성리학과 끔찍한 사화, 다름을 인정하지 않았던 조선 후기 70년 세도정치, 한국을 찍어 누른 36년 일제 등이 먼 '과거 찬물 홍수들'이라면 30년 독재 정권과 이데올로기 세력들, 기업이나 관료 그룹에서 혁신보다는 모방으로 성공한 기성 관리자들이 '가까운 찬물 홍수'들이다. 윤태호 작가의 웹툰 『미생』에 나오는 마 부장도 찬물 홍수라고 볼 수 있다. 그러나 이 찬물 프레임은 깰 수 있는 것들이다. 다음 2가지 사례를 보자.

첫 번째 사례는 경제 경영 매거진 『동아 비즈니스 리뷰(DBR)』에서 소개된 사례다. 2012년 봄, 구글에서 일하던 한국인 프로젝트 매니저 김창원 씨가 회사를 나와 웹툰 플랫폼으로 비즈니스를 시작했을 때 귀에 못이 박히도록 들은 얘기가 "그게 되겠어? 성공 가능성 0퍼센트야!"였다. 그곳 역시 화난 원숭이들은 많았던 것이다. 하지만 그는 2012년 3월 '타파스미디어'를 실리콘밸리에 세웠다. 그리고 5년이 지났다. 말 그대로 대박이 났다. 그가 한국형 플랫폼 비즈니스 모델로 미국 시장에서 성공할 수 있었던 것은 회사 이름처럼 타파스(스페인에서 식사 전에 술과 곁들여 간단히 먹는 소량의 음식) 같은 스낵 컬처*가 떠오르는 시장 변화를 빨리 감지하고 뛰어난 웹

---

* 시공간의 제약을 덜 받고 과자를 먹듯 5~15분의 짧은 시간에 즐길 수 있는 문화콘텐츠.

툰, 웹소설 작가를 직접 찾아 이용자 수가 임계점을 넘기도록 했던 점이다. 이 플랫폼에 '네트워크 효과'를 통해 효율적인 양면 시장을 구축했던 것도 주효했다. 북미 시장에서는 웹툰의 유투브라고도 불리며 현재 1만 2000명의 작가와 28만 편의 웹툰을 보유하고 있다. 그는 '싸이월드나 다이얼패드 또는 최근 페이스북이 도입한 주문 지원 서비스 챗봇 역시 이미 한국 카카오톡에서 먼저 시작한 서비스인데 이런 것들이 세계적으로 알려지지 못하는 사실이 안타까웠고 한국인 특유의 오기 같은 것이 자기 성공의 원동력'이라고 했다.

두 번째 사례는 필자의 것이다. 내가 2002년 처음 민영화된 KT&G에 마케팅 기획부장으로 갔을 때도 물론 찬물을 뒤집어쓴 화난 원숭이들이 말렸다. 하나는 외부인들인데 그들은 우려스러운 표정으로 "이미 사양 산업인 데다가 규제가 심해서 할 수 있는 것이 없을걸. 그냥 하는 척만 해. 영리하게 살라고" 하며 말했다. 다른 하나는 내부자들로 그들은 내가 무엇을 하려 하면 "그거 예전에 다 있던 아이디어들이고 여기서는 그런 게 잘 안 통해요. 우리가 뭘 들 안 해 봤겠습니까"라고 말했다. 그러나 나는 어리석은 귀머거리 원숭이였다. 그래서 12년 세월 동안 그곳에서 마스터 브랜드 TF를 만들어 초고가 브랜드를 기획했고, 혁신 이미지 이식을 위해 '서태지와 상상 체험단' 프로젝트를 벌였고 이어서 온라인과 오프라인에 문화플랫폼 상상마당을 기획했으며, 미래 고객들 대상으로 상콘(想CON- 상상을 담는 콘테이너의 줄인 말) 커뮤니티(현재 30만 온라인 회원을 가진 'KT&G 상상 유니브'의 전신)를 만들었다. 또한 그동안은 R&D 팀의 아이디어 상태로 머물던 대나무 숯을 이용해서 새로운 브랜드를 출시해 전무후무한 판매 기록과 수입 숯 대체 효과를 세웠고, 영화, 패션, 만화 등 문화계 명사들과 콜라보레이션 브랜드를 내서 다양한 브랜드 라인업을 만들었다. 물론 상사, 동료, 후배들의 많은 도움이 있었기에 가능한 일이었다.

막상 일을 해보니 그들은 찬물을 뒤집어쓴 화난 원숭이들이 아니었다. 글로벌 경쟁사인 P사의 외국인 사장은 한국을 떠나면서 "전 세계에서 이렇게 대응해온 나라는 처음"이라고 했다고 한다. 그러니 당신이 창의적인 길을 가려면 누구보다 "그거 이미 다 해봤어" 하는 화난 원숭이를 경계하자. 화난 원숭이들이 넘치는 대기업을 떠나 프리 에이전트로 활동하는 나에게 지금도 화난 원숭이들은 아주 친절하게 충고를 한다. '혁신은 쉽지 않아, 앞으로 나서는 사람은 결국 당하게 되어 있어, 가만히 있으면 중간은 가…….' 내가 서울시 혁신 파크 TF 위원을 할 때도, 축제 총감독을 할 때도 그리고 도시 브랜딩을 할 때도 찬물을 뒤집어 쓴 화난 원숭이들의 충고는 끊이지를 않는다. 물론 그들에게 들을 말은 반드시 있을 것이나 그것이 꼭 팩트 체크는 아님을 늘 경계한다.

이제 창맹 이야기를 정리하자. 그동안 한국이 성장한 데는 용기를 가졌던 소수의 창의적 리더들이 있었다. 처음엔 관료사회에서 그다음엔 기업 군에서 많았다. 문제는 그다음이다. 그런데 국가 슬로건을 '크리에이티브 코리아(Creative Korea)'로 정하고 국가 리더가 창조경제를 역설하면 할수록 그런 창조 리더들이 점점 줄어드는 이상한 현상들이 늘어왔다. 기업도, 공무원도, 국민들도 창조는 스타트업들과 창조 허브, 창조경제혁신센터만 하는 것인 줄 착각한다.

내가 회사를 그만두고 컨설팅을 하러 최근 2~3년 지방자치단체 공무원들을 만나보고 기업의 임원들을 만나본 바에 의하면 대부분 혁신은 말뿐이고 다 달콤한 과실만 얻으려고 한다. 저성장, 고령화, 100세 시대의 공포에 빠져 개인적으로 살아남을 고민만 할 뿐 대부분 창조의 가치를 잊어버렸다. 어느덧 사회가 안정되면서 나온 '안정화의 덫'일까? 불확실한 미래에 대한 두려움일까? '튀어봐야 정 맞는다'고 말하고 '가늘고 긴 지속 가능성'만 기억할 뿐이었다. 이것이 숨은 위기다.

실제로 한국의 노동생산성은 점점 줄어들고 있다. 그런데 이 현상은 브랜드 이론으로도 설명 가능하다. 1990년대 전만 해도 브랜드 라이프사이클 이론이 대세였다. 브랜드는 도입기-성장기-2차 성장기-성숙기-쇠퇴기-몰락의 주기로 간다는 이론이었다. 이는 생명 유기체의 성장 이론에 근거한 것이었다. 그러다가 의문이 생겼다. 그럼 왜 어떤 브랜드는 100년을 가고 어떤 브랜드는 이 주기대로 가는가?

실제로 미국이라는 국가 브랜드는 주기적으로 위기를 겪으면서도 계속 리더 자리를 지켜오고 있지 않은가. 핵심은 브랜드 관리였다. 브랜드를 잘 관리하면 그 수명은 훨씬 길어진다는 주장이었다. 브랜드를 잘 관리하려면 무엇보다 돌풍지대를 잘 관리해야 한다. 실제로 많은 브랜드들이 성장기를 지나면서 '돌풍지대'를 통과하게 된다. 돌풍지대를 잘 통과하지 못하면 추락하거나 성장 동력이 약해진다. 그런데 돌풍은 단계마다 온다. 도입기에서 성장기로 갈 때도, 제1성장기에서 제2성장기로 갈 때도 온다. 단계마다 돌풍의 양상은 다르지만 특히 1성장기에서 2성장기로 갈 때는 통상적으로 강력한 신규 경쟁자가 나타나거나 아니면 환경 변화, 새로운 규제 등이 생겨나면서 돌풍지대가 발생한다. 이는 외부적인 것이다.

그런데 이보다 더 위험한 것이 내부적인 것이다. 내부적인 것으로는 무임승차만 노리는 체리피커가 늘어나거나 도덕적 해이 아니면 반대자의 득세, 단기적 안목을 가졌거나 방향을 엉뚱한 곳으로 끌고 가는 리더들이 나타나는 것이다. 한국의 현실에 비추어 봐도 이는 타당한 주장으로 보인다. 그 돌풍지대를 지금 한국이 통과하고 있는 것이다. 그간의 성공에 안주하려는 체리피커들이 많아지

고 있는 것, 꿈이 없고 안목이 없는 창맹들이 큰소리 내는 것 등이
그 증거다. 이럴 때 훌륭한 브랜드 매니저는 체리피커, 창맹들을 제
거하고 제2단계 비전을 제시한다. 문화도 개방적으로 바꿔야 한다.
그래야 2기에 맞는 인재가 들어온다. 그것이 좋은 창조의 관리 수
순이다.

뭉칠 때
흩어지는 병

: 도약을 위한 충전의 소음일까, 향락에 빠진 유대인의 방황일까? :

한국 축구의 FIFA 랭킹은 2017년 7월 현재 51위권이다. 인구 5000만 명에 무역 순위 11위, 우리나라가 축구에 투자한 비용을 따져보면 초라하다. 한국 축구를 보는 많은 한국인들이 화를 내는 것은 골대 앞에서의 결정적 헛발질이다. 그런데 올림픽과 월드컵 본선에는 꾸준히 올라간다. 미스터리다. 아시아 사람들이 대체로 다리가 짧고 리듬감이 떨어져서 상대적으로 좋은 조건이라는 설명도 있는데 어쨌든 연속 출전 기록은 세계적이다. 그런데 올림픽 본선에서는 또 결정적일 때 헛발질이다. 한국 축구의 이러한 모습은 마치 지금 한국이 겪고 있는 딜레마를 그대로 표현하는 것만 같다. 한국은 아직 3만 달러 벽을 10여 년째 넘지 못하고 있다.

왜 한국은 형편이 나아지면 흩어지려는가

외국인들은 한국의 일사불란한 붉은 악마의 응원 문화나 IMF 시절 국민적 금 모으기 캠페인, 태안만 기름띠 제거에 100만 명이 참여한 것, 평화적 촛불 시위 등을 보면서 감탄했다. 한국인 스스로도 그 모습에는 놀라고 감탄했다. 하지만 한국인에게 꼭 그런 모습만 있는 것은 아니다. 한국인 스스로 인정하는 것이지만 한국은 위기 때는 잘 뭉치다가도 좀 형편이 나아지면 흩어지는 모습을 보이곤 했다.

삼국시대의 오랜 분열의 역사를 겪어온 DNA 때문일까? 특히 한국인들은 다음의 2가지 경우에는 곧잘 흩어진다.

첫 번째는 잘 나갈 때다. 해외에서 태권도는 더 오랜 역사를 가진 쿵후와 가라테를 누르는 대단한 위상을 가졌다. 지금 전 세계에서 태권도를 배우는 사람만 1억 명이다. 하지만 정작 국내에서는 그들 간의 정치 게임에 빠져 위력을 십분 모으지 못하고 있다. 올림픽 종목으로 태권도를 만드는 쾌거는 이루었지만 정작 국내에는 소림사만 한 태권도 메카 하나가 없다. 영화, 드라마, 뮤직비디오와 게임 콘텐츠 등에 전략적으로 태권도 장면을 넣어 콜라보레이션을 할만도 하지만 그런 융합의 모습을 찾아보기는 힘들다.

중국 소림사는 MBA 출신 방장이 소림사 경영, 쿵후 마케팅으로 연 700만 명을 불러 모으고 고작 인구 60만 소도시 덩펑(登封) 시엔 40여 개 쿵후 학교가 성행 중이다. 하지만 정작 올림픽 종목인 태권도의 종주국 한국 내부에는 그러한 열풍이 없다. 아리랑도 상황이 좀 비슷하다. 문화 융성을 추구하는 정부가 「로렐라이 언덕」이나 「사운드 오브 뮤직」의 요들송처럼 글로벌 포크송으로 키우려고 하지만 정작 기원과 뜻, 대표 아리랑 등에 대한 내부 전문가 의견들이 전부 달라서 정력만 축낸다. 한국인이라면 눈물이 나는 아리랑의 컬처 코드는 '고개 통과(passage)'다. 빈부 격차, 종교와 이념 갈등, 난민과 테러, 기아와 질병 등으로 고통받는 지구촌의 고개를 넘어가자는 취지로 아리랑의 가닥을 잡아가면 꽤 통할 것 같은데 결정적일 때 흩어져서 중지를 모으지 못한다.

두 번째는 이념과 이익이 첨예하게 엇갈릴 때다. 물론 이런 경우엔 누구나 다 갈등을 겪게 마련이다. 그러나 갈등이 꼭 분열로 이어지는 것은 아니다. 갈등을 화합으로 승화시켜낸 경험이 많은 나라는 역사가 깊은 나라, 소통의 문화가 가능한 지혜의 나라들이다. 바이킹의 후예 국가인 덴마크는 노사 갈등을 오랜 시간에 걸친 소통으로 풀어냈지만 한국의 경우는 갈등을 잘 풀지 못하고 있다. 역사

분야는 더 갈등 천국이다. 특히 고대사와 현대사 해석이 흩어지고 엇나간다. 식민사학자들과 민족사학, 진보사학자들이 첨예하게 맞서 제대로 된 역사 교육을 하지 못하고 있다.

과거 박근혜 정부가 만든 국정 교과서는 왜곡된 역사 교육의 정점을 찍었다. 북방을 떠돌던 신채호 선생에게 부끄러운 일이다. 기존에야 자료가 없어서 그랬다 하지만 지금은 언어와 신화, 놀이와 문화, 복색, 고분과 유적 그리고 유골 DNA 분석 등의 학제 간 협업으로 실증 사학의 한계를 풀 수 있을 것임에도 불구하고 정작 결과가 잘 나오지 않는다. 스위스의 어떤 도시들은 심지어 도시 이름도 독일어, 프랑스어로 같이 쓰기도 한다. 역사도 서로의 입장을 말하고 그 근거를 내놓아 국민들이 판단하게 하면 되는 일임에도 불구하고 그것이 잘되지 않는 것이다.

리더십이라는 구심점이 필요할 때

한국이 그래도 잘 나가는 지금 시대에 또다시 하필 국가 에너지가 흩어지는 징후가 보이고 있다. 재벌 경영은 3세들의 판으로 넘어가면서 국민과 유리되는 경향을 심각하게 보이기 시작했다. 창업자 시대에는 말은 많아도 그들의 사업 컬처 코드는 모두가 일심동체로 독립운동이었으며 그것은 국민적 공감대를 얻었다. 하지만 이제는 망각형 구조조정 경영이 코드가 되었다. 30대 대기업 집단들은 700조 원 자산을 쌓아놓고도 지구촌을 겨냥한 투자를 꺼리며, 정부 인재들은 이기적일 뿐이다.

벤처 기업이나 사회적 기업 그리고 수많은 협동조합들이 처음에는 의기투합해서 일을 시작하지만 조금 지나면 금세 흩어지는 모습도 심심치 않게 보인다. 손해를 보면 책임 문제로, 이익이 나면 이익 분배 문제로 흩어진다. 뭉쳐야 할 때 흩어지는 것이다.

정보사회도 그렇다. 지금처럼 사회가 저성장, 고령화, 구조조정 상시화 등의 위기에 빠지면 가칭 '희망 뉴스'나 '같이 가는 뉴스' 같이 사회에 힘을 줄 긍정적인 사이트나 매거진 등이 뜰 만도 하건만 오히려 근거도 없는 도시 괴담이나 가짜 뉴스가 돌곤 한다. 고도성장할 때는 잘 들리지 않던 것들이 이제 성장 속도가 떨어지자 뭔가 삐그덕 거리는 소리가 계속 난다. 사실 지금이 중요하고 이때가 뭉칠 때인데 말이다. 이를 도약을 위한 충전의 소음으로 보아야 할까, 아니면 가나안으로 가다가 모세가 십계명을 받으러 간 사이 향락에 빠진 유대인의 방황으로 보아야 할까.

하지만 지금 우리가 분열하고 있는 것을 역설적으로 지금이 '호기'라고 보는 관점이 필요하다. 굿 찬스(good chance)라는 말은 곧 '변화의 시기'라는 말과 일맥상통한다. 한국이 어렵게 선진국이 된 호기, 그리고 더 큰 한국으로 변할 수 있는 호기라는 의미다. 이럴 때일수록 우리에게 절실하게 필요한 것이 바로 리더십이다. 긍정적으로 보든, 부정적으로 보든 고려 말에는 신진사대부가 유학 세상, 신권 정치라는 구심점을 제시했다. 그런데 조선 말 리더였던 흥선대원군은 문호 개방의 결정적 호기에 구심점을 잡아주지 못했다. 문호 개방이라는 길이 무엇인지 유교 사관에 빠져 잘 보이지 않았던 것이다.

반면 식민지 때는 독립, 못 살 때는 '잘 살아보자', 군부 독재 때는 '민주화'가 구심점으로 잘 통했다. 그런 것들은 길이 명확했고 리더들의 국민 동참 주장이 잘 작동했다. 공부력으로 무장한 한국인들이 금세 알아듣고 잘 호응했기 때문이다.

조선 말엽의 호기처럼 지금 찾아온 선진국의 호기 안에서 우리는 일순간 구심점을 잃어버렸고 리더십은 실종이 됐다. 참여정부 이후 두 리더가 주장했던 녹색경제, 창조경제는 그들의 부족한 소통력과 여러 흠으로 강력한 구심점이 되지 못한다. 심지어 국가 리더가 했던 전대미문의 추태와 무능은 한국 사회의 구심점이 아니라 원심력이 될 뻔했던 아찔한 시간이었다. 대기업들은 그동안 빠른 모방과 암기에만 익숙하여 새로운 돌파구를 찾아내지 못했다. 그래서 이 호기에 우왕좌왕 흩어진다. 결국 우리는 그동안 우리를 성공으로 이끌어왔던 공부력을 한 단계 이상 발전시켜야 한다. 이제까지의 리더십을 차원 높은 수준으로 발전시켜야 한다. 또한 많은 평등에 대한 요구를 세련되게 조정할 수 있는 시스템도 필요하다. 그래야만 한국인은 지금 우리에게 닥친 호기를 '진정한 변화'로 이끌어나갈 수 있을 것이다.

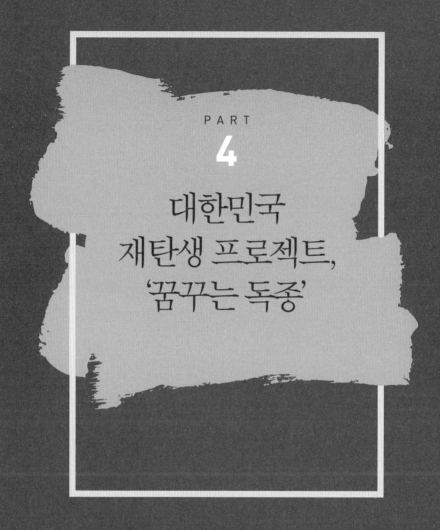

PART

4

대한민국
재탄생 프로젝트,
'꿈꾸는 독종'

이제껏 한국이 가져왔던 '독종의 정신'만으로는 힘든 사회가 오고 있다. 이제는 글로
벌하게 '시즌2'의 시대가 펼쳐지고 있기 때문이다. 스마트 사회, 초연결로 학습하는 4
차 산업혁명 시대, 드림 소사이어티, AR과 VR의 시대…… 우리는 이 모든 것들에게 하
나의 '힌트'를 얻을 수 있다. 한국이 잘하는 것을 느닷없이 버릴 수는 없다. 한국은 깡
의 기질, 독종의 마인드를 타고난 존재들이다. 이 독종에 멋진 날개를 달아야 한다. 그
것은 꿈을 꾸는 일이다. 그래서 이제 한국인과 세계인이 함께 나가야 할 일은 바로 '꿈
꾸는 독종'이 되어야 한다.

꿈꾸는 독종은
누구인가?

: 한 단계를 넘어서는 고유한 힘 :

1970~80년대를 살아온 기성세대든 2000년에 지금 막 성인이 된 세대든, 한국인이라면 누구나 독종이라는 소리가 반갑지는 않을 것이다. 그런데 이 독종이라는 말은 누가 쓰느냐와 누구에게 붙여주느냐에 따라서 뉘앙스가 확 바뀐다는 것에 주목할 필요가 있다.

26년간 삼성에서 인사를 담당한 김기주 소장이 쓴 『삼성은 독종을 원한다』라는 책이 있다. 여기에서의 '독종'은 삼성을 살벌한 회사로 만들어버린다. 한국을 대표하는 기업이며, 글로벌 기업이지만 그 이면에 엄청난 업무 강도로도 유명하기 때문이다. 반면 어떤 사장이 모 과장에게 "그 친구 일을 맡기면 어떻게든 해온단 말이야. 그 친구 참 독종이야" 할 때는 '독종'은 꽤 긍정적인 이미지다.

문제는 조화와 균형감이다. 인간의 뇌 역시 좌뇌가 있고 우뇌가 있다. 그간 한국인들에게 '독종'이라는 말은 냉정하게 판단하는 좌뇌와 같은 존재였다. 그 좌뇌가 우리에게 살벌한 독종으로 살라고 했던 것이다. 지금 좌뇌에 부정적인 문제가 생겼다고 해서 떼어낼 수는 없는 노릇이다. 그보다는 우뇌를 발달시키는 것이 훨씬 지혜로운 일이다. 우뇌는 느끼고 꿈꾸는 뇌다. 균형감 있게 양쪽 뇌가 돌아간다면 우리는 꽤 매력적인 양뇌형 인재가 될 수 있을 것이다.

클릭! 새로운 종으로

900페이지에 달하는 스티브 잡스의 전기를 읽어보면 그가 얼마나 주변 사람들에게 '괴물과 독종'으로 비춰졌는지 알 수 있다. 독선을 일삼던 그는 결국 애플에서 추방된다. 그러다가 1997년 애플에 복귀하면서 직원과 주주들에게 이렇게 묻는다.

"우리의 목적은 무엇입니까? 물론 우리는 컴퓨터를 잘 만들 수 있죠. 그러나 그게 우리의 목표는 아닐 겁니다. 우리의 목표는 이제 세상을 바꾸는 겁니다."

사람들은 우려를 씻고 환호했다. 돌아온 독종 스티브 잡스는 꿈을 꾸라고 말하기 시작했다. 버려진 자의 성찰, 픽사에서의 새로운 성공 경험이 그를 바꿨을 것이다. 그는 새로운 종(種)이 되었다.

'마케팅계의 여자 노스트라다무스'라는 평을 듣는 미국의 미래학자 페이스 팝콘(Faith Popcorn)은 미래에 필요한 5가지 능력을 말한다. 그것은 바로 '클릭(CLICK)'이다. 이는 용기(Courage), 결행(Letting go), 통찰력(Insight), 전심전력(Commitment), 노하우(Know-how)의 이니셜을 모은 말이다. 용기, 결행, 전심전력은 대체로 독종의 능력이고 통찰력과 노하우는 단순한 독종을 넘은 새로운 종(種)의 능력이다.

만년 적자 기업이었던 SK하이닉스를 대규모 흑자 기업으로 재생시킨 박성욱 부회장이 아마 이러한 클릭 능력을 가진 CEO일 것이다. 그는 평소 '스마트하고 독하세' 일하는 인재를 선호한나고 강조해 말한다. '반도체 메모리의 용량이 1년마다 2배씩 증가한다'는 황의 법칙이 지배하는 반도체 회사 수장이 한 말이라 더 귀 기울여 들을 주문이다. 어떤 사람들은 '스마트하면서 독해야 한다'를 '예쁜데 착해야 한다'는 것보다 더 심한 요구라고 생각할지도 모를 일이다. 하지만 지금 전장에서 뛰는 리더들이라면 충분히 수긍할 요구일 것이다. 스마트한데 전투력이 없거나, 독종이기는 한데 스마트하지 않은 인재는 100만 볼트 능력이 없는 착한 피카츄와 다를 바가 없다.

스티브 잡스, 페이스 팝콘, 박성욱 부회장이 말한 새로운 종이 되기 위해서 우리는 이제 그냥 독종이 아닌 '꿈꾸는 독종'이 되어야한다. 여기서 방점은 '꿈꾸는'에 찍힌다. 실제 과거 조선에도, 그리고 지금도 이렇게 살아가는 사람들이 있다. 이제 그들을 '꿈꾸는독종'이라는 프레임에서 다시 한 번 살펴보자. 이 새로운 종에서우리는 이제껏 한국 사회가 잊고 있었던 새로운 유형의 창의적인사람들을 만날 수 있을 것이다.

조선 최고의 스토리텔러 허균

조선은 공부하는 나라였다. 16세기 세계 어느 나라도 조선처럼공부를 하지는 않았을 것이다. 물론 실학에 비해서 허학(虛學)이었다는 비판도 있다. 그러나 그들을 함부로 비판할 수 없는 것은 오늘날 우리 공부도 역시 시험 준비용 공부, 즉 허학에 가깝기 때문이다. 그러니 일단 그들의 독한 공부를 장점으로 인정하자. 하지만 그런 독한 공부가 횡행하던 시절에 '꿈꾸는 독종스러운' 공부를 하고그것을 결과물로 만든 사람이 있다. 바로 조선에서 가장 독창적이고 개혁적인 스토리텔러 허균이다.

강릉에 가면 '초당 두부촌'이라는 것이 있다. 초당은 허엽의 호이고 허엽은 허균의 아버지다. 허 씨는 당대 최고 가문이었다. 금

수저 이상 플래티넘 수저 정도로 태어난 허균은 드라마틱한 반골 인생을 살았으며 공부가 다양하였고 사회적 상상력이 뛰어났다. 16세기 말과 17세기 초 보수와 혁신의 갈림길 시기에 허균은 혁신의 길을 택했다.

허균이 태어난 곳은 외가인 강릉이며 그의 호 교산은 이무기를 뜻하는데 강릉에 있는 바위 산 이름이기도 하다. 명문가 출신으로 뛰어난 학문적 재질을 발휘했지만 그에 대한 당대와 후대의 평가는 철저히 부정적이었으며 자료도 거의 멸실되었다. 이유는 허균이 성리학뿐만 아니라 불교·도교 등에 두루 깊은 관심을 보였고 또한 서얼, 기생들과 격 없이 어울렸기 때문이다. 당시로서는 이단이었다. 명나라에 사신으로 갔을 때 천주교 서적을 가져온 것으로 추측되는데, 당시 명나라도 마테오 리치(Matteo Ricci)*에 의해 천주교가 막 도입된 시점이었음을 고려하면 새로운 사상에 대한 그의 관심은 유별났다. 허균은 누이 허난설헌의 시적 재능을 너무도 아까워하여 시집을 묶어 중국에 소개하였다. 이를 계기로 허난설헌은 중국과 일본 문단에 천재 시인으로 위대한 이름을 날리게 된다. 허균은 온갖 차별적인 것들, 즉 남녀, 적자와 서자, 유불선 등에 대해 그만큼 개혁적이었다.

---

* 동서 문화교류에 크게 기여한 이탈리아 예수회 선교사.

허균의 저서 『성소부부고』에는 '유재론'과 '호민론'이 포함되어 있다.

유재론(遺才論)에서는 하늘이 인재를 태어나게 함은 본래 한 시대의 쓰임을 위한 것이므로 인재를 버리는 것은 하늘을 거역하는 것이라고 했다. 지금도 학연, 지연, 혈연이 만연한 것을 보면 당시 그의 주장이 꽤 선구적임을 알 수 있다.

호민론(豪民論)에서는 백성을 항민(恒民)·원민(怨民)·호민(豪民)으로 나누어 구분하는데 그중 호민을 가장 두려워할 존재라고 했다. 종적을 감춘 채 아무도 모르게 딴마음을 품고 세상사를 흘겨보다가 국정농단이 발생하고 사회 문제가 발생하게 되어 국민이 어렵게 되면 자기가 바라는 것을 실현하고자 분연히 일어선다.

호민론은 '국왕은 백성을 위해 존재하는 것이지, 백성 위에 군림하지 않는다'는 사실을 강조하며 백성의 위대한 힘을 자각시키고 있다. 허균은 꿈을 이루려고 한 사람이었다. 그는 하필 하층민의 글인 한글로, 그것도 하필 소설이란 양식으로 '호민=홍길동'의 꿈을 그렸다. 영국의 법률가이자 정치가인 토머스 모어(Thomas More)가 지식층의 언어인 라틴어로 『유토피아』를 썼던 것에 비하면, 허균의 엉뚱함과 도전 정신 그리고 비범함이 그대로 드러나는 선택이다.

허균이 이렇게 할 수 있었던 것은 그가 독한 공부를 해오면서도 시대적 흐름에만 매몰되지 않고 또 다른 세상, 더 나은 세상을 꿈꿨기 때문이다. 몸은 현실에 있지만 머리는 미래로 향해 있는 사람, 그리고 그것을 이룰 수 있는 방법을 끊임없이 실험하는 사람들, 바로 이런 사람들이 '꿈꾸는 독종'이다.

다른 기업에게 어려운 것이 아주 쉬운 기업

이번에는 아주 젊은 기업가 사례다. 외국의 유수한 브랜드들을 제치고 패셔니스타들로부터 주목받고 있는 한국의 패션 안경 브랜드 '젠틀 몬스터'다. 이 회사는 과감한 시도를 많이 하는 브랜드로 유명하다. 홈페이지에서 마음에 드는 안경을 5개까지 골라 배송 받은 후 하나씩 써보고 원하는 제품만 구매할 수 있는 '홈트라이 시스템(hometry system)'과 안경이 만들어지는 과정을 소비자가 직접 체험해볼 수 있는 '비지트(visit)' 행사가 대표적이다.

세상에 하나뿐인 '나만의 안경'을 지향하는 젠틀 몬스터는 다양한 아티스트들과 진행하는 콜라보레이션을 통해 안경 안에 다양한 주제를 담아낸다. 캐나다 디자이너가 참여한 아이바네즈 시리즈, 타투이스트와 타투의 형상을 모티프로 제작한 타투 시리즈, 수공예 액세서리 전문 브랜드인 드로잉 프로젝트 와이닷11(drawing project Y.11)이나 패션양말 브랜드 모스그린 등과의 다양한 콜라보 사례들은 참신하다. 창업자 김한국 대표는 그전에 증권, 영어 교육

등에 관한 회사를 다니다가 안경 사업을 시작했는데, 독서광으로도 유명하다. 그의 모토는 '실험'이다.

젠틀 몬스터라는 이름은 젠틀한 척하는 우리들 마음속에 몬스터의 욕망이 있음을 통찰하여 나온 것이다. 이 브랜드는 놀랍게도 2016년 말 1500억 원대 매출을 올렸고 영업이익은 460억 원을 거둬들였다. 세계 30여 개국에 400여 개의 매장도 열었다. 한국의 대부분 아이웨어는 서양 얼굴형에 맞춘 것인데 젠틀 몬스터는 아시안 핏(fit)이다. 그래서 중국인들에게도 인기다. 2013년 말 방송된 '별에서 온 그대'에서 명품만 쓰는 천송이가 이 회사의 안경을 쓰고 나오면서 화제가 되었다. 그 후 중국의 톱스타 판빙빙(范冰冰), 저우제륜(周杰倫), 안젤라 베이비(楊穎)도 젠틀 몬스터의 팬이 됐다. 제품은 대중적인 제품, 도전을 자극하는 패션성 강한 제품, 아티스트와의 협업을 통한 실험적인 제품군 등 3단계로 나뉜다. 대리석 안경테, 동물 뼈 안경테는 그렇게 탄생했다.

이 회사의 성장 동력은 아이디어와 과감한 실험 정신이다. 회사에는 누구나 아이디어를 내는 '코멘트 제도'가 있는데 아이디어가 채택되면 업무 경계를 파괴하고 다른 직원들과 협업한다.

홍대 플래그십 스토어에 '퀀텀 프로젝트'를 선보일 때부터 몬스터적 기질은 드러났다. 다른 회사들은 어려운 것을 이 회사는 너무나 쉽게 한다. 이것은 꿈이 없으면 하지 못하는 일이며, 그 꿈을 독하게 추종해야만 가능한 일이다.

'실패하면 어쩌지?', '업계의 웃음거리가 되지 않을까?'라는 생각들은 모두 과거의 독종들이 하던 생각이었다. 머리에 아는 것은 많지만, 꿈이 없었으니 그저 주어진 현실에서 벗어나 실험하기를 거부했던 것이다. 하지만 여기에 '꿈'이 첨가되면 모든 것이 화학적으로 변화된다. 젠틀 몬스터는 '꿈꾸는 독종'의 기업 버전을 보여주는 사례라고 할 수 있을 것이다.

한 단계를 넘어서는 힘

끊임없이 변하는 환경에서 수만 년 동안 살아남을 수 있었던 생물체를 분석하고 인간 생활을 이롭게 하려는 것이 생체 모방 공학이다. 생체 모방은 지밀한 관찰과 발상의 전환, 그리고 융합 사고를 극한으로 보여주는 분야로 기계, 항공, 소재, 생활용품, 의학 등에 응용 가능하다.

건국대학교 박훈철 교수팀은 생물체 중 장수풍뎅이를 모방해 무게 10그램 안팎의 초소형 비행체를 개발했다. 이 초소형 비행체는 자세가 흐트러지지 않고 지면에서 30도 방향으로 날아오른다. 평소에는 접혀 있다가 도망갈 때만 펴지는 장수풍뎅이의 날갯짓이 초소형 비행체에 영감을 준 것이다.

2007년부터 개발을 시작한 연구팀은 풍뎅이의 날갯짓을 분석하는 데만 1~2년이 걸렸다고 한다. 연구팀은 풍뎅이가 가끔 날아오르는 순간을 초고속 카메라로 촬영해 날갯짓을 분석했다. 분석 결과 풍뎅이와 새의 날개 움직임은 크게 달랐다. 새는 날개를 아래로 내려칠 때만 앞으로 가는 힘이 발생한다. 대신 위로 올릴 때는 날개를 자연스럽게 움츠려 빠르게 올린다. 손실되는 추력을 최소화하기 위해서다. 그러나 풍뎅이는 근육이 없어 새와는 달랐다. 날개를 내렸다 올리는 동작에서 날개를 한 번 비튼다. 공기와 날개가 맞닿는 각도가 비행에 필요한 양력과 추력을 유지할 수 있는 적정 각도가 되도록 바꿔주는 것이다. 몇 년의 시행착오를 거쳐 연구팀은 풍뎅이 날갯짓에 가까운 비행체를 만들었다. 하지만 날개를 비트는 동작을 그대로 흉내 내기는 어려웠다. 고민 끝에 날개 뒤쪽을 몸체에 고정해 날개 바깥쪽의 회전이 커지게 만들어 해결했다. 또 워낙 가벼운 비행체여서 빠른 날갯짓에 균형을 잡기가 어려웠다. 연구팀은 몇 개월 동안이나 씨름한 결과 풍뎅이의 공기력 중심점을 알아내 날개를 비틀면서도 안정적인 자세로 날아오르는 초소형 비행체를 완성했다.

어떻게 보면 이 초소형 비행체의 개발은 그저 그런 과학 뉴스의 하나처럼 보일 수 있을 것이다. 그러나 이것은 '꿈꾸는 독종의 과학자'를 보여준다. 한 곤충의 날갯짓 분석에만 1~2년을 투자했다는 것만 봐도 독종의 단면을 알 수 있으며, 여기에 '전혀 다른 방식의 초소형 비행체를 만들어 보겠다'는 꿈이 결합하였다.

꿈의 또 다른 특징은 이종 간의 합종연횡이다. 실제 우리 꿈도 그렇지 않은가. 전혀 이상한 것들이 연결되어 새로운 모습으로 등장한다. 이렇듯 꿈꾸는 독종은 세상에 없는 방법으로 세상에 없던 결과물을 만들어낸다.

이제까지 살펴본 사례 중 한 가지 공통점은 '한 단계를 넘어서는 고유한 힘'이 있다는 점이다. 주어진 틀에 안주하지 않고 새로운 것으로 나아가는 근원적인 에너지가 있다. 이제부터 그 힘을 3가지로 분석해 보면서 우리가 '독종'으로 성공했던 과거를 넘어 '꿈꾸는 독종'이라는 새로운 단계로 넘어갈 수 있는 고유한 힘을 갖춰보자.

4차 산업혁명,
우리가 꿈꾸는 독종이
되어야만 하는 이유

: 기계는 사람보다 더한 독종이 될 수 있지만 결코 꿈을 꿀 수는 없다 :

꿈꾸는 독종이 되기 위한 본격적인 방법을 알아보기 전에 요즘 화두인 '4차 산업혁명'을 잠깐 이야기하고 넘어가자. 무엇인가로 변하기 위해서는 그에 따른 목표 설정과 실행력도 중요하지만, 앞으로 펼쳐질 새로운 환경도 감안해야 한다. 그리고 이러한 목표 자체가 주변의 환경과 어긋나거나 모순되지 않아야 한다.

배를 띄워 저 멀리 보이는 섬까지 가자는 목표도 정하고 결심도 했지만, 하필 세찬 폭풍이 몰아치면 그 목표는 이뤄지기 힘들다. '꿈꾸는 독종'도 마찬가지다. 이것이 시대의 흐름과 맞아떨어지는

지를 확인해야 한다. 이러한 논의가 이뤄지는 틀은 4차 산업혁명일 수밖에 없다. 지금 인류를 바꾸는 새로운 기술혁명이 일어나고 있기 때문이다.

전문직도 결코 안전하지 않다

최근 몇 년 사이 방송이나 언론이 4차 산업혁명을 뜨거운 화두로 다루고 있다. 하지만 이번은 기존의 다른 산업혁명보다 좀 더 특별하다. 그전 3차에 걸친 산업혁명들은 다 핵심 기술의 특징을 담은 명칭이 있었다. 증기기관 발명(1차), 대량생산과 자동화(2차), 정보기술과 산업의 결합(3차)이라는 방식이었다. 하지만 이번 4차 산업혁명은 조금 다른 이슈다. 2016년 '다보스 포럼'에서 클라우스 슈바프(Klaus Schwab) 회장이 처음 4차 산업혁명 이슈를 던졌을 때, 그는 "속도와 범위, 충격, 이 3가지에 있어서 지금 진행되는 기술 발전이 4차 산업혁명이다"라고 말했다. 이는 특정한 기술만이 중심이 되는 것이 아니고 꽤 '전방위적이고', '다양한 방면'에서 기술혁명이 일어나고 있다는 것을 의미한다.

전문기관들은 기업들이 제조업과 정보통신기술을 융합해 작업 경쟁력을 제고하고 사물인터넷과 인공지능 로봇 활용 등에 방점을 찍어 장황하게 설명한다. 하지만 마케터인 나에게 기술은 중요한 것이 아니다. 최종 고객인 인간에게 미치는 영향이 더 중요한 것이다. 인간들은 4차 산업혁명을 어떻게 보고 있을까?

2017년 2월 서울 혁신파크에 가니 미래청 입구에 포스터가 붙어 있었다. 제목이 '4차 산업혁명 시대, 무엇을 어떻게 준비할 것인가?'였다. 그런데 바로 밑에는 '밀려오는 4차 산업혁명의 일자리 충격. 국내에서 10년 안에 1800만 일자리가 인공지능이나 로봇으로 대체'라고 쓰여 있었다. 이는 산업혁명을 바라보는 착잡한 시각을 말해주고 있다. '발전'이라는 것은 좋은 의미임에도 불구하고 그것이 인간들의 생존권을 빼앗을 수도 있기 때문이다.

나는 개인적으로 4차 산업혁명을 '초(超)연결로 학습하는 기계시대의 시작'이라고 정리한다. 더구나 그것은 지금 현실에서 '진행 중'에 있다. 빅데이터와 연결된 사물인터넷, 스스로 학습하는 인공지능과 그것이 장착된 로봇과 드론을 보면 그렇다. 구글과 페이스북의 인공지능회사 인수합병이나 알파고 충격, 수년 전 시작된 IBM의 스마터 플래닛(smarter planet) 캠페인 프로젝트*와 인공지능 시스템 왓슨, 그리고 인공지능 스피커 누구(NUGU)를 개발 시판하고 있는 SK텔레콤 등을 보면 이 혁명은 이미 꽤 진도가 나갔다. 이

---

* 2008년 공공안전, 교육, 교통, 유통, 금융, 자원, 식품, 의료, 통신, 도시 등의 분야에서 정부 및 공공기관이나 기업들이 가진 문제에 해결책을 제시하겠다는 프로젝트.

런 4차 산업혁명은 과연 어떤 영향을 미칠까? 그리고 이것은 우리가 추구하려는 '꿈꾸는 독종'과 어떤 관련이 있을까?

영국의 국가 정책 자문위원인 리처드 서스킨드(Richard Susskind)에 의하면 캘리포니아대학 샌프란시스코 캠퍼스의 한 약국에서는 로봇 약사가 홀로 일하며 지금까지 200만 건 이상의 처방전을 실수 없이 조제했다고 한다. 이는 전문직 약사가 소멸되는 것을 말한다. 영국 기업의 세무신고를 처리하는 딜로이트사의 세무시스템은 250명이 넘는 세무 전문가의 전문성을 보유하여 혼자 일하는 개인 세무 전문가보다 우월한 성과를 내고 있다. 그럼 249명의 세무 전문가는 어디로 가야 할까?

TV에서도 소개된 바가 있는 IBM의 인공지능 시스템인 왓슨은 전략 문서를 탐색하고, 회의에서 나눈 대화를 듣고 요약하며, 경영을 조언하며 최고위 임원 조언자의 역할을 한다. 또한 왓슨은 의료 부문에서는 암 진단을 돕고 치료 계획을 제시하며, 21초마다 출간되는 의학 논문의 흐름을 읽고 의학계 최신 동향을 따라잡는다. 전문 의사들도 왓슨의 진단 정확성에 놀라는 형편이다.

이런 변화에서 누구보다 위험한 상태에 있는 사람들은 아이러니하게도 속칭 전문가들이다. 멸종의 위기에 선 동물들은 뜻밖에도 먹이사슬 가장 높은 곳에 있는 호랑이, 사자, 곰 등이다. 이런 진화와 멸종의 법칙이 드디어 전문가 생태계에도 작동하는 것일까?

기술만이 전부는 아니다

리처드 서스킨드는 다른 산업계와 비교해볼 때 '기술 근시안적인 태도'를 고수하거나 기술 도입에 대한 저항이 가장 큰 직종이 바로 전통적인 프로페셔널 직업인 의사와 한의사, 변호사, 경영컨설턴트 등의 전문직이라고 한다. 일례로 그는 1990년대 중반에 '변호사와 고객이 이메일을 사용해 일할 것'이라고 주장했다. 지금으로서는 너무나 당연해 보이는 주장을 내놓았지만, 당시 법률가들로부터 너무 급진적이라는 반박을 받았었다고 한다. 새삼스러운 일이 아니다. 나 역시 1990년대 중반 클라이언트들에게 인터넷 광고 시대를 준비해야 한다고 했다가 무안만 당한 적이 있었다.

이제 기술혁신은 단순히 전문가 업무의 편의를 돕는 수준을 넘어 전문가의 일, 정체성, 업무 환경, 전문가 서비스의 본질 등을 송두리째 바꿔놓을 것이다. 4차 산업혁명이 이제까지 세 차례 산업혁명과 다른 점 중의 하나가 이것이다. 물론 어중간한 전문가들이 주로 당할 것이다. 상위 10퍼센트 정도의 진정한 프로페셔널은 이번에도 살아남을 것이다. 그 인공지능이 잘 작동하는지를 판단하는 것은 결국 진정한 프로페셔널 인간이기 때문이다.

문제는 4차 산업혁명만이 아니다. 사실 5차 산업 혁명이 이미 동시 태동하고 있을지도 모른다. 연예기획사인 DSP 소속의 걸그룹

카라가 뜨던 시절에 이미 JYP 기획사에서는 미쓰에이가 준비하고 있었고, SM엔터테인먼트는 엑소, 빅히트 엔터테인먼트에서는 방탄소년단이 준비되고 있던 것처럼 말이다. 5차 산업혁명은 생체, 정보, 재생, 이동, 창조 체험 테마에서 올 가능성이 높다. 이들 신산업혁명 시대의 도래로 수천조 원 시장이 새로 열리고 보통의 인간은 더 편해질 것이다. 많은 인간적 장애들이 제거될 것이고, 대기업들은 점점 더 생산성이 고도화될 것이다. 그동안 기술 변화는 인간에게 친화적으로 변화해왔다고 믿는다면 그런 변화가 좋기는 하겠지만 이번에는 왠지 꼭 기뻐할 일만은 아니다. 풀어야 할 문제가 몇 가지 있기 때문이다.

첫째는 욕망이라는 이름의 전차 때문이다. 그 전차는 글로벌 대기업이다. 이는 새로운 산업혁명의 경제적 과실을 과연 누가 가져갈 것인가 하는 문제다. 자본 집중과 양극화가 점점 심해져서 분배 정의가 중요해진 지금, 이것은 매우 절박한 문제다. 화이트칼라를 탄생시킨 2차 산업혁명이나 브라운 칼라를 탄생시킨 3차 산업혁명처럼 60퍼센트 수준 이상의 새로운 층이 탄생해 그 과실을 나눠서 가져갈 수 있을까? 안 그래도 양극화가 심해지고 글로벌 투자자들이 불가사리처럼 세력을 키우는 시점이다. 4차 산업혁명의 과실을 선점하기 위해서는 대규모 자본이 요구되고, 현재 추세대로라면 주주 이익 중심에 따라 인간 노동자가 감소하게 된다.

실제 독일 아디다스의 스토리 팩토리는 지능화된 로봇을 이용해 주문에서 생산까지 걸리던 시간 3개월이 다섯 시간으로 줄어들었다. 그것은 고임금에 시달리는 중소, 중견기업도 예외가 없을 것이다.

이 혁명은 이제까지 어느 산업혁명보다 인간과 경쟁하는 기계 중심 혁명이므로 이 혁명의 과실은 대부분 시스템을 생산하는 글로벌 대기업이나 국민 숫자로 0.1퍼센트에도 미치지 못하는 기술자, 글로벌 투자자가 가져갈 개연성이 높다. 이것은 내 우려만이 아니다. 이미 빌 게이츠는 4차 산업에서 밀려날 경제적 약자를 위해 기업 로봇에 로봇세를 물리자고 주장하여 미국과 유럽 경제계에 파문을 일으킨 바 있다. 카이스트 뇌과학부의 김대식 교수도 "앞으로는 1퍼센트 vs 99퍼센트의 갈등이 아니라 0.1퍼센트 vs 99.9퍼센트의 갈등 시대가 올 것"이라는 예언을 한 바 있다. 김 교수는 딱히 4차 산업혁명을 꼬집어 말하지는 않았지만 그가 짚은 변화는 거의 4차 산업혁명의 변화와 겹친다. 안 그래도 이미 한국은 2016년을 기준으로 로봇 사용 대수가 4만 대를 훌쩍 넘어 미국 일본을 제쳤다. 중국은 16만 대다. 효율적인 공장이지만 그만큼 인간이 공장에서 떠났을 것이다.

또 하나의 문제는 인간이 스스로 학습하는 기계에 밀려 존재 가치가 배제될 것이라는 우려다. 이 4차 산업혁명에서 만들어진 기술은 이전의 산업화 혁명과는 비교가 되지 않을 정도로 인간의 역량을 대체할 것으로 전망된다. 전문가들은 의술과 법조 일부터 심지어 음악과 미술, 문학 창작까지 대체할 것으로 전망한다. 앞서 말한 일자리뿐만 아니라 궁극적으로는 '인간이란 누구인가', '인간이란 무엇을 해야 하는가'에 대한 존재론적 회의감도 점점 팽창할 수밖에 없다. 그래서 영국의 물리학자인 스티븐 호킹(Stephen Hawking)은 "인공지능의 완전한 개발은 인류의 종말"이라고까지 주장한 바 있다.

4차 산업혁명 시대에서는 독종의 기질과 능력만으로는 안 된다. 엄청난 양의 빅데이터와 인간의 행동을 배우고 예측하는 사물인터넷, 그리고 초연결 능력을 가진 기계가 훨씬 더 스마트한 독종이기 때문이다. 그러나 길이 없는 것은 아니다. 그 기계들은 다행히도 꿈꾸는 능력이 없다. 돌 틈에 난 민들레 꽃과 벽을 타오르는 담쟁이덩굴에서 질긴 생명력에 대한 영감을 떠올릴 수 없고, 성당 벽에 쓰인 낙서에서 애절한 사랑 이야기를 떠올릴 수 없다. 무한하게 꿈꾸는 능력을 기계가 따라올 수는 없으며, 그래서 우리는 꿈꾸는 독종에서 새로운 희망을 찾을 수 있다.

스티븐 호킹이 우려한 '인공지능의 완전한 개발'은 아주 먼 미래에나 가능한 일이다. 4차 산업혁명 시대에 꿈꾸는 능력은 여전히 인간만의 영역으로 남을 것이며 그 능력은 더 우대받을 것이다.

그러니 일자리가 없어질 것이라고 막연히 불안해하지는 말자. 꿈 꾸는 독종에게는 4차 산업혁명 시대가 오히려 멋진 날개를 달아줄 수 있을 것이기 때문이다.

나를 브랜드로 만드는
깊은 공부력

: 자신만의 '깊은' 공부를 통해서 꾸는 새로운 꿈 :

세상에 대한 시각은 2가지가 있다. 하나는 세상을 전쟁터라고 여기는 시각이고, 다른 하나는 반대로 세상은 평화로워야 한다고 보는 시각이다. 전자는 현실을 보고 후자는 이상을 본다. 그러나 근 본적으로 세상은 전쟁이다. 평화로웠던 시대는 엄마와 탯줄로 연 결되었던 그 10개월뿐이다. 나머지 시간은 생물학적으로나 인류 학, 신화학적으로 봐도 삶은 곧 전쟁의 역사였다. 사람들이 본능적 으로 전쟁 영화나 갈등 구조에 민감한 반응을 보이는 것은 이 때문 이기도 하다. 전쟁과 갈등 구조에서는 이겨야 산다. 한국은 하필 세계 4대 강대국에 둘러싸여 그들과 전쟁을 해야 하는 지리적 조건을 가지고 있다. 덕분에 한국은 늘 바쁘고 빠른 독종으로 살아왔다. 전쟁에서 이기려면 먼저 준비해야 하고 치밀하게 실행해야 한다. 현재와 미래의 판을 읽을 줄 알아야 한다. 자기만의 블루오션에서 자산을 만들어야 하며 크리에이티브해야 하고 마지막으로 각 단계의 한계들을 넘어 그 모든 것을 포용하는 비전을 세워야 한다.

완벽한 공부법

다음은 1년에 책을 200권 이상 읽었다는 독학자 고영성과 싱가포르대학교 출신 신영준 박사가 지은 『완벽한 공부법』서문에 나오는 글이다.

"······ 전혀 다르게 보이는 고민 같아도 핵심에는 '공부'가 들어가 있다······ 문과 배경을 가진 친구가 취업에 실패하자 꾸준히 공부해서 프로그래머로 취업에 성공하고, 한 분야를 꾸준히 파고드는 계독으로 새로운 분야를 독학해서 원하는 직장을 얻고, 체계적이고 밀도 높은 영어 학습을 통해 자신의 한계를 넘어서고, 또 능력의 확산으로 자신이 원하는 꿈을 찾는 정말 드라마 같은 성장을 이룬 친구들이 생겼다."

이 글 중 '꾸준히', '파고드는', '새로운 분야에 대한 독학', '능력의 확산' 등의 단어가 눈에 띈다. 이들 말을 들어보면 공부는 성장과 성공을 위한 모든 것이다. 요즘 '공부'라는 제목을 단 책이 늘고 있는 것도 공부에 대한 관심을 반영한다. 벗어나고 싶지만 늘 되돌아가는 곳이 결국은 공부 솔루션이다. 중앙일보가 주최하는 2017년 '리셋 코리아 프로젝트'에서도 인공지능 시대의 도래에 맞선 교육혁명을 주된 의제로 삼았다. 여기서 교육학자들은 새로운 공부의 대안으로 집에서 먼저 온라인 학습을 하고 학교에서는 토론을 중시하는 '거꾸로 학습(flipped learning)'과 프로젝트 학습, 융복합 학습을 주장했다. 요즘 곧잘 인용되는 방법들이다.

이제까지 말해졌던 공부는 입학, 취업, 승진 등 대부분 살아남기 위한 것들이다. 살려면 아주 중요한 것이 이런 실용 공부다. 그러나 이제부터 내가 말하는 공부는 그를 포함해서 세상을 바꾸는 새로움을 창조하고, 존재를 성찰하자는 것까지 포함하는 것이다. 그 이유는 '그럼 우리가 수십 년간 힘들여 쌓은 공부는 어떻게 될까'에 대한 답과 관련되기 때문이다.

빅데이터가 더 축적되고 정교하게 분석이 되어 초(超)연결이 되면 우리가 알던 지식은 대부분 테라바이트 단위의 정보로 무장한 기계를 이기지 못할 것이다. 미래학자 앨빈 토플러(Alvin Toffler)는 정보화 사회의 도래와 함께 무용지식(Obsoledge=Obsolete+knowledge)이라는 개념을 제시한 바 있다. 변화의 속도가 빨라 우리가 어떤 지식을 공부하는 순간 바로 그 지식은 쓸모없어진다는 주장이다. 그런데 앞으로는 무용지식 정도가 아니다. 70억 인구 중의 하나인 '나'만 꿈꾸고 경험하고 독특하게 편집한 것이면 몰라도, 읽거나 검색해서 아는 것은 바로 어제의 지식이 된다.

인공지능과 사물인터넷은 서로 연결되어 지식을 실시간 연결한다. 뿐만 아니라 미래는 기계도 학습을 한다. 우리는 그 경험을 알파고와 이세돌 9단의 바둑 시합에서 이미 보았다. 이세돌은 그나마 한 판 이겨서 희망을 주었지만 그 후 일본에서 다시 시도된 인간과 인공지능의 바둑 시합에서 인간은 철저하게 완패당했다. 이런 기계의 학습 능력 앞에서 인간은 무엇을 해야 하는지 당황스럽다.

여기서 우리에게 필요한 공부법은 바로 '꿈꾸는 인간만의 공부법'이다. 그 공부법이 무엇인지는 아직 의견이 분분하지만, 확실한 것은 이제까지 한국인들의 공부법은 표준화되고 기계적인 방법이었다는 점이다. 이제 이러한 공부 방법으로는 기계의 공부 방법을 이길 수 없다.

어린이와 장인(匠人)의 공부

"엄마, 나 어디서 났어?"

"아빠, 새는 죽으면 하늘에 묻는 거야?"

어린이는 끝도 없이 묻는다. 그러면서 어린이는 성장한다.

장인 또는 달인들도 이렇게 의문을 품는다.

"흐르는 시간을 어떻게 하면 정확하게 표시할 수 있을까?"(장영실)

"헤어를 탄력 있게 만들려면 어떻게 잘라야 할까?"(17년 경력 헤어
디자이너)

지금 우리에게 필요한 공부력은 어린이의 끝없는 호기심에서 시
작해 장인처럼 '깊은 이해의 공부'로 마무리하려는 힘이다. '지적
호기심 없는', '얕은' 혹은 '남과 비슷하여 모방과 예측이 가능한'
그런 공부로는 빅데이터와 인공지능 세상을 감당할 수 없다. 그럼
이러한 공부는 어떤 공부일까?

공부의 정의는 고대에 만들어진 글자에 이미 있다. 공부는 한자
로 장인 공(工), 아비 부(夫)다. '장인 아비'라는 의미인데 지금 관점
에서는 도통 뜻이 안 통한다. 그런데 『설문해자(說文解字)』를 보면
공(工)은 사람들이 무언가를 재고 만드는 데 쓰는 도구인 자를 상형
한 문자다. 용산 국립중앙박물관에 소장된 고대 중국의 창조신인
복희와 여와 그림에서 남신 복희는 ㄱ 자로 된 자(尺) 같은 도구를
들고 있고, 여신 여와는 오늘날의 컴퍼스와 같은 도구를 들고 있다.
거기 나오는 도구들이 바로 공이다. 그럼 비로소 '도구를 들고 무
언가를 궁리하는 어떤 아비들의 모습'이 떠오른다. 식물이 더 자라

는 방법은 없을까를 궁리하고, 돌을 쪼거나 나무를 자르는 방법을 궁리하는 고대인들의 모습들이다. 이런 고대인을 상상하면 멀리 바다 건너 대륙 넘어 어떤 남자들도 보인다. 원의 면적을 구하려고 땅에다 열심히 뭔가를 그리는 아낙사고라스(Anaxagoras), 막대기를 꽂아 놓고 피라미드의 높이를 궁리하는 탈레스(Thales)의 모습 말이다. 세상을 공부하고 측정하고 움직이는 도구를 만드는 이들이 하는 것이 바로 '깊은 공부'다.

물론 한국인은 어려서부터 공부를 많이 하고 지금도 공부를 열심히 하지 않느냐고 반박할지 모르지만 그것은 단순한 반복과 암기일 뿐이다. 인공지능에 대비해서 우리는 '무엇이 나인가?', '무엇이 인간인가?'를 물어야 하며 이를 공부해야 한다.

일본의 경제학자이자 기업인이며 비즈니스 브레이크스루대학(Business Breakthrough University) 총장인 오마에 겐이치(大前硏一)는 공부하지 않는 현대 일본인들에게 쓴소리를 한다. 하지만 우리가 알기로 일본인은 유난히 책을 많이 읽는다. 그런데 어떻게 일본인이 공부를 하지 않는다고 말할 수 있을까? 오마에 겐이치가 말하는 것은 공부의 시간이 아니라 시야(insight) 문제다. 지식의 쇠퇴는 좁은 시야 때문에 일어나는데, 현대 일본인은 모두들 자신의 주위밖에 보지 않으며, 그 결과 사고가 정지했다는 이야기다. 그는 "국가가 국민을 지키지 못하는 시대가 된 지금, 국가에 기대지 않고 스스로의 힘으로 일어서 자신의 생활을 지키고, 자신의 인생을 재고해야 한다"라고 주장하면서 문제 해결력(breakthrough)을 강조한다.

다중지능 이론으로 유명한 미국의 심리학자이자 하버드대학 교육학 교수인 하워드 가드너(Howard Gardner)는 급변하는 지식사회 속에서 현대인들이 접하고 익혀야 하는 지식과 정보는 폭발적으로 증가하고 있지만, 그 과정에서 배움은 점점 도구적으로 변화하고 있고 궁극적인 목표와 나아가야 할 방향을 상실한 지 오래라고 비판한다. 또한 그는 미국 젊은이들이 무엇인가를 자세하게 설명할 수 있는 기초 공부 능력인 언어 상술력(詳述力)이 현저하게 떨어지고 있다고 우려한다.

좁은 시야를 깨는 공부는 생각하는 공부여야 깊이가 더해져 맛이 발효된다. 집마다 김장 담그는 법이 다르듯이 발효에는 나만의 정성과 시간이 필요하다. 과거의 공부가 그랬다. 특히 실학 시대에는 저마다의 공부가 다 달랐다. 그러나 그들 공부는 후대에 별로 전해지지 않았다. 지금 우리가 혜택을 받는 많은 학문과 기술들은 중세 유럽의 수도원에서 수도사들이 발전시킨 것이 많다. 그들은 평생 고립된 수도원에 살면서 저마다의 관심에 따라서 깊은 공부를 할 환경이 마련되었던 것이다. 공부 내용이 전부 다르니 당연히 창의적일 수밖에 없었다.

자기만의 독점 공간을 만드는 공부를 하라

토끼와 거북이 이솝우화를 보자. 보통 사람들은 그 우화에서 꾸준히, 그리고 열심히 하는 사람이 승리한다는 교훈만 본다. 사실은 교훈을 본 것이 아니라 그냥 암기한 것이다. 내 공부가 없고 그래서 지식은 똑같아진다. 어떤 경영학자는 거북이가 육지에서 토끼와 달리기 시합을 하는 것은, 자기가 강점을 가진 바다를 선택하지 않았다는 점에서 무조건 실패라는 독특한 시각을 제시한다. 그래서 그는 이 우화에서 '자신만의 강점이 있는 필드를 만들어라. 그렇지 않으면 이겨도 진다'는 교훈을 끌어낸다.

이 이야기를 공부에 적용하면 '자신만의 관심사로 자신만의 공부를 해나가면 새로운 결과를 얻을 수 있다'는 점이다. 우리가 사는 집에 대한 자신만의 관심으로 공부를 해서 창의적인 결과물을 낸 사람이 있다. 그는 바로 기자 겸 여행 작가인 빌 브라이슨(Bill Bryson)이다. 그가 쓴 책『거의 모든 사생활의 역사』를 읽어보면 우리가 집에 대해 가진 지식은 편협하고 단지 실용적이며 비역사적이라는 것을 알 수 있다. 그는 기자 겸 여행 작가임에도 집에 대해서 문득 호기심을 가지고 깊은 공부를 했다. 우리가 사는 오래된 집의 방, 정원, 화장실, 지하실, 다락방을 오가며 각각의 장소와 그곳에 놓인 물건들의 기원과 발전과 의의를 하나하나 철저하게 고찰

했다. 그랬더니 뜻밖에도 집이야말로 인류 역사에서 가장 중요한 발명과 발견이 모조리 집약된 공간임을 알려준다. 빌 브라이슨은 여기서 생각을 확장해 인류가 사는 집, 즉 지구와 우주 생명의 역사를 파헤치는 『거의 모든 것의 역사』를 썼다. 과학자가 아님에도 말이다. 아무도 우리가 사는 집에는 주목하지 않았는데 그만이 주목함으로써 그는 세계적 명성을 얻었다. '거의 모든-' 시리즈는 그의 특허품이 된 것이다.

요즘 데이터 중심으로만 하는 마케터들에게 당부하고 싶은 것은 뇌 과학이나 빅데이터 등 드러난 자료에 너무 의존하지 말라는 것이다. 그들이 설사 잠깐 유용한 데이터를 주더라도 인간은 늘 그보다 앞서 간다. 때로는 엉뚱하고 이율배반적이고 자기부정을 쉽게 하는 종자들이다. 예측하기 힘들다. 그래서 아직 빅데이터에 기초해서 대단한 성과를 냈다는 리포트가 나오지 않는 것이다. 그리고 A기업에서 빅데이터를 쓰면 B기업도 당연히 쓴다. 같은 데이터다. 그래서는 혁신적인 솔루션이 나오기 힘들다. 그러니 그런 데이터를 참조하더라도 마케팅 담당자의 인간에 대한 깊은 공부가 우선이 되어야 한다. 그래서 인문학을 공부하자는 제안이 나오는 것인데 인문학을 공부하더라도 그것은 교양이 아니라 '나만의 주제가 있는' 특화된 공부가 되어야 한다.

지금이 검색의 시대지만 검색을 하는 순간 그것은 이미 모두 아는 또는 필터링된 지식이다. 유용할지는 몰라도 독특하지는 않다. 그럼 당신은 가치 없는 데이터 관리자가 될 뿐이다. 이를 피하고 주목받는 퍼스널 브랜드(Personal Brand, 개인이 곧 브랜드가 되는)가 되려면 내가 관심 있는 현장과 거리 또는 지역을 가고 그곳의 축제와 시장을 보고 느껴라. 그곳은 다양한 인간들의 욕망이 혼재되어 있는 공간이다. 같으면서도 다르다. 그러고 나서 책과 대비해서 보는 것이 나만의 학습법이 된다. 스탠포드대학 D-스쿨(Stanford Institute of Design)의 '디자인 싱킹 5단계 과정' 1단계인 리서치 단계에서 다른 아이디에이션(ideation) 모델들과는 달리 관찰, 공감, 감정이입이 강조되는 이유가 그것 때문이다.

이러한 '나만의 학습'은 경제학적인 면에서도 중요한 의미를 지니고 있다. 불평등 연구의 대가로 알려진 컬럼비아 대학교(Columbia University) 조지프 스티글리츠(Joseph Stiglitz) 교수는 4차 산업혁명 등의 기술혁신이 소득 불균형의 확대를 가져올 수도 있는 만큼 공정한 분배도 중요하게 다뤄야 한다고 주장한다. 그러면서 지식 격차를 발생시키지 않는 '학습하는 사회'에서 답을 찾는다. 그런데 그의 제안이 아주 독특하다. 이를 테면 시골에 있는 아이에게 대도시 직업에 필요한 지식을 제공하기보다는 시골 마을의 환경을 개선하는 방향에 교육의 초점을 맞춰야 한다는 것이다. 그가 말하는 학습은 자신의 실존적 기반 위에 선 공부를 말하는 것이다. 남들이다 하는 공부, 나한테 맞지 않는 공부는 앞으로의 상황 개선에 도움이 되지 않는다. 그래서 '나만의 학습 사회'가 지금의 '쏠림 공부의 시대'에 새로운 해법이라는 이야기다.

이처럼 '나만의', '깊은' 공부를 통해서 그들은 그 방면의 세계적 브랜드(또는 전문가)가 되어 돈과 명예 그리고 독특한 존재의 가치를 획득했다. 이 깊은 공부력은 나를 드러내고 4차 산업혁명의 파고에서도 튼튼하게 떠 있을 배가 될 것이므로 한국을 리셋하는 첫 번째 힘으로 꼽힐 만하다.

:

인간을 중심으로 발상을 전환하는
휴먼 시프트력

: 보이지 않던 것을 보는 것으로 대상을 바꾸다 :

깊은 공부력이 장인의 힘에 비유된다면 두 번째는 '상인의 힘'에 비유될 수 있다. 깊이 공부를 하는 것은 좋지만, 너무 자기 세계에 빠져 고루하거나 완고해질 위험성도 있다. 따라서 깊이 공부를 했다면 이제 그것을 상인처럼 활용해야 한다.

상인(商人)은 고대 중국의 상(商)나라 사람을 부르는 말이다. 상나라는 우리가 아는 은나라의 원래 명칭이다. 그들은 나라가 망하자 중국 전역을 떠돌아다니면서 호구지책으로 물건을 사고팔았다. 그래서 그들은 정세를 살피고 시세를 보는 눈이 좋았다. 옥스퍼드대학(University of Oxford) 사학 교수이자 『왜 상인이 지배하는가』의 저자 데이비드 프리스틀랜드(David Priestland)는 "오늘의 역사를 제대로 이해하려면 상인, 군인, 현인이라는 세 카스트의 역할과 가치를 파악해야 한다"라고 말했다. 그에 의하면 상업적이며 경쟁적인 동기를 앞세운 상인이 귀족적이며 군국주의적 동기를 앞세운 군인(전사)과 관료제적 또는 사제적 성향의 현인을 성공적으로 제압했다고 썼다.

지금 세계는 상인들에 의해서 과도하게 점유되고 있는 것이 현실이다. 상인의 관점이 그만큼 강력하다는 것이다. 그들이 이렇게 강한 힘을 갖게 된 것은 '발상의 전환'에 매우 뛰어난 면모를 보이기 때문이다. 우리가 '꿈꾸는 독종'이 되기 위해서 필요한 능력이 바로 이것이다. 새로운 꿈을 꾸기 위해서는 지금의 시각, 한정된 사고, 과거와 동일한 관점으로는 불가능하다. 그래서 꿈꾸는 독종이 가져야 할 두 번째 능력, 그것은 바로 발상의 전환에 익숙한 상인의 관점이다.

쓰레기를 보석으로 둔갑시켜 파는 사람

상인들은 생산자와 최종 소비자를 연결시키는 자들이다. 그들은 장터의 메신저이며 마술사들이다. 그들이 마술사인 이유는 의외의 방법으로 생산자와 소비자를 연결하기 때문이다. 이렇게 하면 그 가치는 폭발적으로 커지게 되어 있다.

1984년 무렵, 미국은 뉴욕 자유의 여신상 보수를 위해 일부를 허물고 그 잔해들을 쓰레기로 처리하려고 한 적이 있었다. 이때 그 뉴스를 주의 깊게 본 외국인이 있었다. 그는 잔해를 헐값에 사겠다고 했다. 남자는 그렇게 사들인 잔해를 작게 분해해서 그것을 반지나 목걸이에 큐빅처럼 넣어 '자유의 여신상 반지, 자유의 여신상 목걸이'로 홍보해 팔았다. 자유의 여신상은 미국의 상징이나 다름없었고 한정판이었던 반지와 목걸이는 불티나게 팔렸다. 쓰레기를 보물로 둔갑시킨 덕에 그 외국인은 자신이 사들인 가격보다 100배 이상 수입을 올렸다. 뉴욕판 봉이 김선달이 아닐 수 없다.

이번엔 비아그라를 보자. 그 약은 애초 협심증 치료제로 개발된 것이다. 화이자의 R&D(연구개발)팀은 철석같이 그렇게 믿고 개발을 했을 것이다. 그러나 경영자와 마케터들은 그 약을 발기부전 치료제로 용도 전환시켜 시장에 내놓았다. 협심증 치료 시장보다 발기부전 치료 시장이 훨씬 컸고 치료법은 협심증과 비슷한 것에 착안한 것이다. 그 결과 고개 숙인 남성들이 환호했고 세계의 유흥가는 새로운 성장 동력을 확보했다. 물론 화이자도 대박을 터트렸다.

이 둘은 전형적인 상인의 방법이다. 이것이 발상을 전환한 휴먼시프트(Human Shift)력이다. 휴먼이라는 단어를 붙인 이유는 사람의 욕구를 중심으로 시프트 하라는 뜻에서 붙인 수사다. '발상을 전환하는 휴먼'은 발전가(發轉家)라고 이름을 붙일 수도 있다. 발명 못지 않게 중요한 것이 바로 발상을 전환하는 발전가다. '애완동물'과 '반려동물'이라는 두 단어는 발상의 전환에 따라 완전히 다른 의미를 준다. 하지만 우리 한국은 사람이 유일한 자원이면서 그 인재들에게 발상의 전환에 대한 교육을 거의 하지 않아 왔다. 그것은 교육자들 스스로가 발상의 전환을 배운 적이 없었고, 또한 발상의 전환을 강조하면 자신들 지위가 위태로워졌기 때문이다. 발상의 전환은 패러다임을 흔들고 판을 뒤집기 때문에 기득권은 대체로 발상의 전환을 좋아하지 않는다.

1917년 마르셀 뒤샹(Marcel Duchamp)이 'R. MUTT'이라는 익명으로 소변기를 벽에 걸고 그 작품명을 '샘'이라고 이름 붙인 사건이 있었나. 완고한 프랑스 화난에서는 이를 받아들이지 않았다. 하지만 유럽 문화의 대안을 찾고 있던 미국 화단은 이를 받아들였다. 그래서 레디메이드(ready-made) 개념 예술이라는 전례 없던 새로운 예술이 탄생하게 되었다.

TBS 사고법과 전환

세상을 바꾸는 방법은 2가지가 있다. 혁신적 기술로 세상을 바꾸거나 우리가 세상을 보는 방법을 바꾸는 방법이다. TBS 사고는 바로 후자의 방법이다. 그것은 '시인(This is)-부인(But, not)-전환(So)'의 과정을 거치는 사고다. 과거 한국인은 프랑스 파리를 부러워했고 파리의 센 강을 부러워했었다. 그러면서 한강은 볼 것이 없다고 불평했다. 한강이 훨씬 큰 데도 말이다. 그런데 어느 사람이 달리 말했다.

"센 강은 안에서 보기 좋은 강이고, 한강은 밖에서 보기 좋은 강이다."

그 후 한강 르네상스 프로젝트의 일환으로 강물 안에 지은 세빛 둥둥 섬, 다리 위에 지은 노을 카페, 한강 안을 다니는 유람선과 요트, 한강 변엔 도깨비 야시장과 한강 몽땅 축제, 불꽃 축제 등이 생겨났다. 거기서 바라보는 한강은 예전 같지 않다. 중국인들이 단체로 와서 삼계탕 파티를 벌일 정도다. 이것이 TBS 사고에 의거한 전환적 발상이다. TBS 사고는 유형에 따라서 관점 전환, 용도 전환, 적용 기술의 전환, 비전의 전환, 복합 전환 등을 일으킬 수 있다. 비아그라 사례는 용도 전환 사례다. 다음의 예는 관점 전환의 예다.

(시인) 침대는 가구다.
(부인) 그러나 에이스 침대는 가구가 아니다.
(전환) 과학이다.

침대가 가구에서 과학으로 관점 전환된 것이다. 그렇다고 침대 용도가 바뀐 것은 아니다. 그러나 관점 전환만으로도 에이스 침대는 1996년 이 광고 이후 비약적 성장을 했다.

관점 전환은 사물을 들여다보는 자의 시선을 바꾸는 전환이다. 2D와 3D 무비는 사실 동일한 화면을 보는 관람 행위다. 그러나 사람들은 3D에 더 많은 돈을 기꺼이 지불한다. 요즘 SNS에 글을 쓰고 사업 기획서, 자기 홍보용 책을 쓰는 등 글쓰기가 열풍이다. 여기서 중요한 것은 글쓰기 스킬이 아니라 결국 전환적 사고, 그중에서도 관점 전환이다. 그래야 의외성이 생기고 사람들이 관심을 가지기 때문이다.

프로들의 책 제목 쓰기에서는 그런 관점 전환을 쉽게 볼 수 있다. 『안으로 멀리 뛰기』(이병률), 『서랍에 저녁을 넣어 두었다』(한강)', 『아프니까 청춘이다』(김난도)', 『지적 대화를 위한 넓고 얕은 지식』(채사장)' 같은 제목들은 관점 전환의 TBS 사고로 의외성을 준 사례다. 밖으로 하는 멀리 뛰기를 안으로 한 것, 서랍에 추상적인 저녁을 넣을 수 있다는 발상, 도전하는 청춘이 아니라 아픈 청춘이라는 힐링 관점, 보통은 깊은 지식이 있어야 지적 대화가 가능하다고 믿는데, 얕은 지식이라고 한 것 등은 모두 훌륭한 관점의 전환이다. 기존 방식을 따라서 사고를 하는 사람들은 이런 관점 전환의 제목을 뽑기 어려울 것이다.

엘리베이터의 발전 역사에서도 재미있는 관점 전환 TBS 솔루션이 있었다. 1853년 설립된 미국의 오티스사는 현재 전 세계 고층빌딩 엘리베이터의 80퍼센트를 장악하고 있는 회사다. 그들 이전에도 있었던 엘리베이터는 안전 문제 때문에 화물 운반에만 사용되었는데, 오티스사가 처음으로 줄이 끊어지면 작동이 중단되는 안전한 엘리베이터를 만들었다. 사람들이 타기 시작하면서 반응은 좋았지만 이용하다 보니 너무 느렸다. 사람들은 속도를 개선해 달라고 요구했다. 엔지니어들이라면 당연히 더 나은 기술을 연구하겠지만 그러려면 당장 많은 시간과 비용이 필요했다. 오티스사는 엘리베이터 안에 큰 거울을 부착했고 그러자 사람들의 불만이 줄어들었다. 사람들이 자신의 화장을 고치거나 외모를 보느라 엘리베이터의 느린 속도를 인식하지 못했던 것이다. 이는 기술적인 관점에서 심리적인 관점으로 전환해서 문제를 푼 것이다.

적용 기술의 전환은 이를테면 중간 기술 또는 적정 기술이 좋은 예다. 적용되는 기술을 단순화하여 단가를 낮춰서 제3세계의 가난한 사람들도 쓰게 해준 것이다. 오지만 그런 혜택을 보는 것은 아니다. 업사이클링이나 리사이클링 제품들도 그런 전환의 예이고 1000원 숍인 다이소도 같은 전환에서 온 사례다. 앞에 예를 든 생체 모방 기술(158쪽 참조)도 적용 기술 전환의 좋은 예라 할 수 있다.

비전의 전환은 애플이 스티브 잡스 귀환과 함께 말했던 '우리는 세상을 바꿀 것이다'라는 선언, 또는 파타고니아 같은 회사가 자신의 업종을 '의류 비즈니스'가 아니라 '지구를 지키기 위한 비즈니스'라고 선언한 것 등이 좋은 예들이다. 삼성이 만일 '세계 일류 회사'가 아니라 '소비자와 공유하는 회사'라는 방식으로 비전을 전환한다면 큰 변화가 올 것이다.

이들을 복합적으로 적용한 전환 사례도 많다. 인류를 바꾼 퍼스널 컴퓨터는 적용 기술을 축소(적용 기술의 전환)해 기존의 기업용에서 개인용으로 용도 전환한 복합 전환 사례다. 3D 프린터도 마찬가지다. 자유의 여신상 반지는 관점과 용도 전환, 둘 다 일으킨 사례다. 스타벅스도 절묘한 복합 전환 사례. 커피숍이 비즈니스 공간이나 각성 공간이라는 관점과 용도에서 타운 문화 사랑방이라는 관점과 용도로 전환했기 때문이다. 지금 녹차가 커피에 비해 고전하는 것은 전통과 건강 이데올로기에 갇혀 이런 용도 전환이나 관점 전환 노력이 부족해서일 수도 있다.

그렇다면 우리는 왜 이러한 발상의 전환을 잘하지 못하는 것일까? 그것은 바로 눈에 보이지 않는 유리 천장 때문이다. 이는 이중으로 설계되어 발상의 전환을 막고 있다.

첫 번째 유리 천장은 직업 또는 직군에 있는 유리 천장이다. 현장에서 뛰는 사람들이라면 소위 말하는 '전문가 그룹'의 사고가 꽤 많이 굳어 있다는 사실을 수시로 경험하곤 한다. 모두 현재의 직업이나 직장이 안정적이기 때문에 TBS 사고 자체를 하지 않는다. 그들은 새로운 제안을 하면 밥그릇 문제나 권위에 도전하는 이유로, 또는 법 개정의 어려움 등을 이유로 일단 배제하는 경향이 강하다. 그런 제안을 하면 겉으로는 칭찬하지만 속으로는 귀찮아한다. 그들이 입에 달고 다니는 대답은 늘 "신중하게 검토하겠다"라는 말이다.

두 번째 유리 천장은 지위에서 온다. 『미생』의 마 부장 같은 유리 천장을 말하는 것이다. 그는 말한다. "하라는 거나 잘해. 딴 생각 말고." 이렇게 되면 조직의 절망이 깊어간다. 꼭대기에 있는 리더들은 이런 일단 차 버리기의 유리 천장 행태를 잘 모를지도 모른다. 아예 제안이 올라오지 않기 때문이다. 그렇다고 우리가 마 부장을 마냥 욕할 수도 없다. 지금은 변화에 민감하고 혁신을 갈망하는 사람도 언젠가는 아랫사람에 의해서 마 부장, 꼰대 상무로 불릴지도 모르기 때문이다. 그래서 뛰어난 리더들이라면 마 부장을 피해서 혁신적 제안이 들어올 비밀 통로를 열어둬야 한다. 물론 제안의 성공률은 2~3퍼센트에 불과할 수도 있다. 그럴수록 단 하나의 기획이 세상을 바꾼다는 믿음을 가져야 한다. 하지만 리더들 역시 외부 전문가의 이야기를 듣는 것은 즐겨 해도 좀체 실행하지를 않는다. 반면 과시하기는 참 좋아하는 경우가 많다. 지금 한국에서 TBS 사고 사례가 솟구치지 않는 이유는 이런 차 버리기와 비밀 통로 없음,

CEO들의 식견 과시 행태 3가지라고 볼 수 있다.

　여름에 큰 비가 오고 난 직후 냇가 옆을 걷다 보면 크고 작은 물웅덩이가 생겨 있다. 웅덩이엔 크고 작은 물고기들이 있다. 비가 계속 올 거라고 태연하게 있다가 웅덩이에 갇힌 것이다. 물이 마르면 곧 죽을 것이다. 이것이 레드오션이다. 꿈꾸는 독종들이라면 이런 웅덩이 같은 레드오션에 머물지 않고 늘 혁신을 디자인해야 한다.

　사회혁신 디자인 분야의 석학인 에치오 만치니(Ezio Manzini) 밀라노 공과대학(Politecnico di Milano, PoliMi) 명예교수는 "기존 관습의 고리를 끊고 더 나은 현실을 상상하고 이를 어떻게 실현시킬지 생각하는 것이 디자인 행위"라면서 우리 모두가 이제는 디자이너라고 말한다. 디자인은 전문가만 하는 것이 아니다. 만치니 교수는 우리는 가수가 아니지만 그럼에도 노래를 부른다는 것에 주목하라고 주문한다. 유명한 쉐프가 아니어도 엄마의 집밥은 자식들 건강 측면에서는 최고다. 그는 지난 세기의 기술혁신이 디자인의 자극제가 되었다면 이제는 사회혁신이 디자인의 자극제라고 한다. 자전거가 좋은 예다. 과거 자전거는 가난한 사람들의 운송 수단이었지만 새로운 자전거 주차장, 공유 자전거와 결제 체계, 그리고 자전거 도로 등이 생기면서 가장 친환경적이고 유연한 스마트 운송 수단이 되었다. 사물 인터넷 기능이 자전거에 탑재되면 더 스마트해질 것이다.

만치니 교수는 "낡은 사고와 행동 방식을 바꾸기 위해서는 광범위하고 복잡한 사회적 학습의 과정이 필요하고 이를 위해서는 사회 전체를 실험이 진행되는 하나의 거대한 연구실로 여겨야 한다. 미래에는 이런 실험적 방식이 '일상적' 방식이 될 것이다"라고 말했다.

기회를 만드는 핵심 원천, 지각의 변화

발상의 전환을 하려면 휴먼 시프트력 다음으로 입장 바꿔보기를 자주 해보라고 권하고 싶다. 와이너 에드리히 브라운(Weiner, Edrich, Brown)사는 지난 1977년 창립 이래 포천 500대 기업에서 미 의회에 이르기까지 변화관리와 전략기획에 역량을 발휘하는 미래 컨설팅 회사다. 이 회사의 에디 와이너(Edie Weiner) 사장과 아널드 브라운(Arnold Brown) 회장이 2006년에 『퓨처 싱크』라는 경영전략 책을 썼는데 발상의 전환과 생각의 기술에 대한 주제를 다룬 책이다.

그 책의 1부 1장에 나오는 주장이 "아이들이 곧 외계인이며 외계인의 눈으로 피사체와 배경을 바꿔보라"이다. 외계인과 아이의 시각으로 보라는 것인데, 세상을 모르는 아이는 곧 외계인의 시각과 같을 것이다. 보통의 사람들이라면 인간을 피사체, 자동차를 배경으로 볼 것이다. 하지만 지구에 처음 온 외계인의 시각으로 보면 이 관계는 역전된다. 외계인이 보기에 지구의 피사체, 즉 주인공은 자동차일 수도 있다. 그들이 보기에 인간들은 매일 아침 자동차를 사교클럽(주차장)으로 모셔가며 또 자동차를 닦고 먹여 살리느라 하루 종일 일하는 것으로 보일 것이다.

미국의 한 고급백화점 경영진이 결정한 사례를 하나 보자. 그 백화점 경영진은 고민이 생겼다. 부자 고객들은 백화점 종업원들이 불친절하다고 불만이고 종업원들은 고객들이 건방지고 무례하다고 불만이었던 것이다. 그 정도가 심해져 방치할 문제가 아니게 되었다. 당신이 그 회사 경영진이라면 어떻게 할 것인가? 돈은 고객에게서 나오니 더럽고 치사하더라도 감사한 마음을 가지고 만면에 웃음을 띠고 두 배 더 친절해지라고 할 것인가? 아님 '고객의 소리함'을 만들어 매일 그것을 종업원들에게 들려주거나 백화점 사방에 '고객 졸도 경영'을 선언하는 플래카드를 붙이거나 그것도 아니면 친절 수당을 줄 것인가? 이런 방법들은 TBS 사고가 아니다.

TBS 사고는 생각이 근본적으로 바뀌어야 한다. 회사 경영진은 고민 끝에 연극배우를 불러서 종업원들 대상으로 연극 공부를 시켰다. 연극배우에게 필요한 능력이 롤플레잉(role-playing), 즉 타자의 캐릭터로 자신을 이입시키는 것이다. 이것은 입장을 바꿔 생각해보기 훈련이다. 그러면서 또 하나, 고객에 굴종하는 것이 아니라 고객을 상대로 연기 훈련으로 생각하도록 종업원들에게 주문했다.

이것은 관점을 바꾸는 것이다. 효과는 컸다. 종업원들은 당당해졌으며 밝아졌고 고객들은 종업원들이 친절해졌다고 좋아했다. 결과 불만이 줄고 매출은 20퍼센트나 늘었다.

입장 바꿔보기는 이처럼 지구에 처음 온 외계인, 남자는 여자, 어른은 어린이, 고객은 종업원, 종업원은 고객, 현재는 미래의 눈으로, 미래는 역사의 눈으로 생각해보는 것이다. 만일 어제 엄마와 대판 싸웠다면 나의 눈이 아니라 엄마의 눈으로 보라. 그러면 관점이 달라질 것이다.

여자가 아니라 남자의 관점으로 봐서 큰 효과를 본 캠페인이 있다. 1970년대 영국 보건교육위원회가 실시한 '임신한 남자'라는 광고 캠페인이다. 당시 신생 광고회사인 사치&사치사에서 일하고 있던 스물두 살의 신참 카피라이터 제레미 싱클레어(Jeremy Sinclair) 작품이다.

1970년대는 히피들의 전성시대고 성 개방 풍조 때문에 미혼 여성들의 낙태가 심각한 사회문제가 됐던 때다. 젊은 남자들은 여자들을 임신시키고도 여자가 받을 고통에 대해서는 무책임했다. 사회는 오히려 여자들을 비방했고 정작 고통받을 그녀들이 먼저 대책을 강구했어야 한다고 몰아붙였다. 그러니 대안은 뻔했다. 여자들이 피임약을 써야 한다는 것이었다. 그런데 싱클레어는 발상을 바꿨다. 그는 배부른 여자 대신 배가 불룩한 남자를 지목했다.

"만일 남자들, 당신이 임신했다고 생각하면 좀 더 조심하지 않을까?(Would you be more careful if it was you that get pregnant)"라고 촉구한 것이다. 전형적인 TBS 사고법이다. 사회적 반향이 컸고 남자들은 이 문제를 자기 문제로 인식하기 시작했다. 그리고 마침내 원치 않는 임신이 줄기 시작했다.

TBS 사고는 혁신적인 기술에 의존하지 않고도 이렇게 대상을 바꾸는 힘이 있다. 꿈꾸는 독종에게 가장 전형적으로 필요한 것도 바로 이러한 '발상의 전환'에 의거한 휴먼 시프트력이다. 물론 이제까지는 주어진 틀, 겉으로 보이는 시스템이 우리 한국을 이끌어왔다. 이는 분명 의미 있는 일이었다. 하지만 이제 세상은 또 다른 변화와 진보를 하고 있다. 우리 한국인들이 이 변화에 발맞춰 나아가려면 새로운 시대의 휴먼 시프트력을 길러야만 하는 것이다.

융합으로 시너지를 내는 투게더력

: 무엇이든 잘 섞는 한국인의 융합 에너지 :

깊은 공부를 하고 발상 전환의 힘을 가졌다면 다음은 새로운 단계로 올라갈 준비를 하자. 그것은 바로 융합의 투게더력이다. 공부의 완성은 최종적으로 융합에서 이루어진다.

구슬을 예로 들어보자. 모래를 뜨거운 불로 녹여 구슬로 만드는 것은 장인들이다. 장인들이 만든 이것을 '구슬'이라고 부르고 이것을 꿰어 목걸이로 만들고 여성들에게 파는 것은 상인의 일이다. 그런데 이 목걸이를 한 여성을 왕궁 무도회에 데리고 가서 왕자와 춤을 추게 하는 것은 또 다른 사람이 할 일이다. 마지막 단계의 이 사람이 바로 '브랜드 매니저'나 '큐레이터' 또는 '현자'다. 앞에서 예를 든 허균, 젠틀 몬스터 그리고 생체 모방 공학자들이 마지막으로 한 일이 바로 이것이기도 하다. 그들은 유불선, 기술과 문화 그리고 생명체와 기술을 융합했다.

앞에서 인용했던 클로테르 라파이유 박사는 최근 저서 『글로벌 코드』에서 두바이를 건설한 셰이크 사에드 알 막툼(Sheikh Saeed Al-Maktoum)을 '브랜드 매니저 리더십'의 전형으로 꼽는다. 두바이는 아라비아 반도 사막 끝의 작은 어촌이었다. 20세기 초 소금(Salt), 태양(Sun), 모래(Sand)밖에 없는 '3S'의 불모지로 불리다가 석유가 나면서 졸지에 부자 나라가 됐다. 하지만 석유 매장량은 많지 않다. 미래가 불확실한 것이다. "내 할아버지와 아버지는 낙타를 탔다. 나는 벤츠를 타지만 증손자는 다시 낙타를 탈 수도 있다"라고 말한 이 두바이의 지도자는 석유 고갈이라는 '예정된 미래'를 국민들보다 앞서 고민하고 대안을 준비했다. 그래서 그가 한 방법이 자본과 문화의 융합 정책이었다. 중동에서 상상하기 힘든 과감한 규제 개혁과 시장 개방으로 해외 자본을 불러오고 석유가 없는 두바이를 사막에서도 스키를 타게 하고 골프를 칠 수 있는 도시, 마천루의 천국, 국제 교역의 중심지로 탈바꿈시킨 것이다. 가지고 있던 자원을 총동원해 함께 할 수 있도록 만드는 것, 그것이 바로 융합의 시너지를 만드는 투게더(together)력이라고 할 수 있다.

분리된 요소를 결합시키는 케임브리지 현상

예술과 과학을 융합시켜 르네상스를 일군 중세 피렌체 메디치가의 노력에 주목해서 만들어진 용어로 '메디치 효과(Medici effect)'라는 것이 있다. 이를 도시 전략에 적용한 것으로는 '케임브리지 현상'이라고 한다. 학문적 전통만 중시하던 고루한 도시 케임브리지를 어느 순간부터 전통적 대학 유산과 과학, 그리고 기술이 공존하는 융합 산학도시로 바꾼 현상을 말한다.

케임브리지는 중세의 도로와 고풍스러운 교회가 그대로 남아 있고, 노벨상을 90여 개나 받은 과학기술의 허브로 위대한 석학들의 흔적이 곳곳에 남아 있는 도시다. 뉴턴과 찰스 다윈(Charles Darwin)을 비롯하여 경제학자 존 메이너드 케인스(John Maynard Keynes), 천문우주학자 스티븐 호킹 등의 업적이 탄생했던 곳이다. 케임브리지는 로마 시대부터 상업으로 번성하다가 13세기 말 최초의 컬리지가 설립된 후 이후 '대학의 도시'로 성장했다. 대학을 이루는 서른한 개의 컬리지는 각기 독립적 주체로서 고유의 역사와 문화를 지니고 있다. 최고의 고딕 건축물을 자랑하는 킹스 컬리지(King's College)와 노벨상 수상자를 가장 많이 배출한 트리니티 컬리지(Trinity College), 의학의 중심 곤빌 앤드 키스 컬리지(Gonville and Caius College), 현대에 세워진 다윈 컬리지(Darwin College)와 처칠 컬리지(Churchill College) 등이 그것이다. DNA 이중나선 구조를 발견한 제임스 듀이 왓슨(James Dewey Watson)과 프란시스 크릭(Francis Crick)이 자주 들리던 펍도 케임브리지에서 경험할 수 있다. 그러나 이들은 단 수십 년 전만 해도 대학은 현실과 관계하지 않는다는 전통에 따라 따로 떨어져 있었는데, 완고했던 이들을 융합시킨 것이 바로 '투게더력'을 가진 사람들의 노력 덕분이다. 세계적으로 유명한 미국의 실리콘밸리도 이런 유형의 융합 도시다.

아직까지도 한국은 기술과 문화가 따로 노는 경향이 강하다. 세계 1위를 차지하는 분야가 꽤 많음에도 따로 노는 것은 비효율적이다. 이때 브랜드 매니저, 큐레이터와 현자들이 나타나 이들 분리된 요소들을 융합시키면 한국의 현재 기술을 가지고도 한 단계 더 업그레이드될 수 있다.

무엇이든 잘 섞는 한국인의 유전자

융합(convergence)은 A와 B를 결합해 AB가 되는 게 아니라 C가 되는 것이다. 산소와 수소가 2:1의 비율로 만나면 전혀 다른 물질인 물이 된다. 예술과 거리가 만나면 필동처럼 소문난 거리 미술관이 된다. 그러면 세상이 바뀐다. 우먼은 따뜻한 성품을 가졌지만 항상 보호받아야 하는 약한 존재였다. 영웅은 세상을 구하는 강한 남자였다. 그런데 우먼과 영웅이 만나면 무엇이 될까? 원더우먼이 된다. 한 남자가 나타나기 전까지 사람들은 원더우먼을 상상도 못했다.

원더우먼을 구상한 남자는 미국 심리학자 윌리엄 몰튼 마스턴 (William Moulton Marston) 박사다. 그는 거짓말 탐지기를 고안한 인물이기도 하다. 그는 1920년대 중·후반 남자보다 여자가 더 정직한 성향을 갖고 있으며 일을 하는 속도나 정확도에서 앞선다는 가설을 증명했다. 그는 이를 바탕으로 당시 인기를 끌던 슈퍼맨, 배트맨, 그린 랜턴처럼 힘과 주먹으로 해결하는 방식이 아니라 사랑으로 풀어나가는 영웅을 구상했다. 그리고 심리학자인 아내와 함께 의논해 마침내 1941년 원더우먼을 탄생시켰다.

마스턴 박사는 "슈퍼맨처럼 강인한 초능력과 함께 여성의 강점인 선량한 아름다움까지 겸비한 캐릭터를 창조함으로써 여성을 진정으로 해방시킬 수 있다"라고 설명했다. 멋진 캐릭터의 융합 사례다. 이들은 '모든 것이 연결되는 현대 세계'라고 할 수 있는 레고 월드(Lego World)의 강자들이다. 레고는 덴마크어로 '가지고 놀다'라는 뜻이고 라틴어로는 '하나로 묶다'라는 뜻이다. 레고란 말 자체가 융합에 잘 맞는 말이다.

미래를 클릭하려는 꿈꾸는 독종에게 최종적으로 중요한 것이 바로 이 융합하여 시너지를 내는 투게더력이다. 독종이 공부력과 모방에 방점이 찍혀 있다면, 꿈꾸는 독종은 융합=투게더력에 큰 방점이 찍힌 종(種)이다. 한국인의 밥상과 김장, 비빔밥 등을 보면 한국에는 잘 섞는 융합 유전자가 분명히 있다. 이어령 전 장관도 지적한 것처럼, 한국인은 음식을 차례차례 내놓는 코스가 아니라 한꺼번에 놓고 먹는다. 그러면 동시 편집이 가능하다. 같은 밥상에 앉아도 자기 스타일에 맞는 융합적 먹기가 가능하다는 얘기다. 한국의 보자기와 서구의 가방을 비교해보라. 가방은 칸칸을 만들어 넣지만 용도는 하나다. 반면 보자기는 펴면 2차원 보자기, 머리에 두르면 스카프, 이것저것 물건을 싸면 3차원 보따리가 된다. 두툼한 보따리는 쿠션이나 베개로도 쓰일 수 있다. 이것이 바로 한국의 융합적 유전자다.

융합에 '의외의 콘셉트'와 '공감'이 있으면 더 인간적이다. 이 둘은 현재 마케팅과 경영에서 핵심인 요소들이다. 상암동에 있는 별로 크지 않은 책방인 북바이북은 '혼술이 가능한 심야 책방'을 표방하고 있다. 그 책방은 책만 파는 서점이 아니라 맥주와 커피, 스무디 음료 등도 판다. 이는 집에서 책을 볼 때 치맥이나 커피를 즐기면서 책을 보는 독자들의 실상을 반영한 것이다. 아담한 지하는 공연과 강의가 가능한 북 카페다. 책과 저자 그리고 공연을 융합한 것이다. 커피를 무료로 먹는 방법이 있는데 독자가 책을 읽고 책 내용 중에서 인상적인 내용을 적어서 내면 북 테일(book tail)이 붙고 커피가 무료다.

허난설헌은 여자로서 조선과 중국, 일본에 뛰어난 시적 재능을 드러내 '여자 한류의 원조'라고 칭송받았다. 중국의 문인들은 그녀의 시 한 수를 얻기 위해 굉장히 공을 들였다고 한다. 그러나 그녀가 아무리 뛰어난 재능을 가졌어도 결국 '하필 조선 시대에, 하필 여자로 태어나, 하필 북인도 아니고 남인 집안으로 시집간' 외적 변수의 한계를 넘지 못하고 20대의 나이에 요절했다.

지금 한국 사회는 큰 격랑을 맞고 있다. 바로 4차 산업혁명과 글로벌 경쟁력 확보라는 시대 환경인데 오히려 공부력과 정신력의 쇠퇴라는 문제, 그들을 뚫고 결국은 확보해야 하는 한국 사회의 질 문제다. 꿈꾸는 독종, 발전가들에게는 위기이며 동시에 기회가 될 수 있는 변수다. 사회와 국가는 한국의 다음을 이끌 이들에게 좋은 판을 만들어줘야 한다. 아무리 조종사가 뛰어나도 비행기, 기후, 연료 공급, 정비사 등의 외적 지원이 없다면 허난설헌의 운명처럼 되고 말 것이다.

대한민국의 미래,
마더십에 달렸다

: 결국 여성적인 힘이 한국을 바꿀 것이다 :

마더십은 'mother+ship'을 합친 말이다. 문자 그대로 풀어쓰면 '엄마 같은, 엄마임, 엄마의 능력'이다. 이 말이 한국 사회에 보다 대중적으로 쓰이기 시작한 것은 2014년 세월호 침몰 사건 이후다. 당시 학생 피해자 부모 세대인 4050세대 주부들을 가리켜 '앵그리 맘'이라고 불렀다. 그런데 시간이 흐르면서 그들은 단순히 분노에만 머물러 있지 않고 사회적 모순들의 해결에 눈을 돌렸다. 즉 '세월호 문제는 자녀들의 문제만이 아닌 사회적 모순들의 문제로 인식하고 이를 해결하려고 하는 실천하는 엄마들'이라는 관점에서 마더십이 사용되기 시작했다. 이 마더십은 생명 중시, 가족주의, 포용, 정, 돌봄과 나눔의 능력이다. 독종으로 살아오면서 피폐해진 우리 사회를 다시 재건하기 위해 절실하게 필요한 것이 바로 이 마더십이다. 이 마더십은 앞서 우리에게 필요한 공부력, 시프트력, 투게더력의 전반을 휘감고 있는 문화적 배경이라고 할 수 있을 것이다.

경쟁을 부추기는 아버지의 리더십

앞에서 나는 현대의 기업 마케팅 주 타깃이 맘이라고 말했다. 걸크러시 현상이 있을 정도로 여성 파워가 세졌다고도 했다. 그것은 확실하다. 그런데 마케팅 타깃은 그녀들일지 몰라도 아직까지 대부분의 세상은 '아버지 리더십'이 지배해왔고 지금도 여전히 득세하는 추세다. 이 리더십은 엄격하고 냉정하며, 경쟁을 권하며 싸워서 이기라고 교육한다.

통상 미국의 공화당은 엄격하고 냉정한 아버지 리더십, 민주당은 다정하고 섬세한 엄마의 리더십이라고 구분한다. 지금 미국의 대통령은 트럼프다. 그는 노골적으로 여성 비하 발언을 하는 마초다. 더 나아가 한국을 둘러싼 4대 강국에도 그런 아버지 리더들이 득세한다. 푸틴(Vladimir Putin) 대통령, 시진핑(習近平) 주석과 아베(安倍晋三) 총리. 그들은 잘 웃지 않으며 늘 굳은 표정으로 전투적인 언사를 쓰며 누군가를 비난한다. 이 좁은 땅에 사드를 배치하고 개성 공단에서 단번에 철수하는 한국도 외면은 여자였지만 실상은 사랑을 모르고 아빠 리더십을 동경한 독재자 딸의 단면을 보였다. 실제 오랫동안 군사독재 사회였던 한국은 부계 중심 사회였다. 전통적으로는 "암탉이 울면 집안이 망한다"라는 편견도 강했다. 아빠들은 성공한 자에겐 관대하고 실패한 자에겐 무관심하거나 잔인했다. 그 결과 1퍼센트의 소수가 이익을 독점하게 되었는데 대부분의 아빠들은 이것을 문제로 보지 않고 대신 경쟁을 부추기고 자신의 아이들도 그들처럼 될 것을 지시했다. 이 과정에서 엄마의 품성, 혹은 엄마가 지향하는 것들이 무시당했다. 그런 쏠림의 사회화 과정에서 한국 사회는 남자나 여자나 많이 거칠어져 있다.

하지만 마더십은 이 아빠들의 리더십 정반대에 서 있다. 실제 이런 마더십을 체험해볼 수 있는 에피소드가 있다. 2016년 12월 9일 대통령 탄핵소추가 가결되던 날, 여의도 앞에서는 분노한 시민들이 시위에 참여하고 있었다. 이때 한 50대 남성이 반대쪽으로 가겠다고 전경들을 밀치며 욕을 했다. 전경 2~3명이 당황한 표정으로 막는 순간에 한 50대 여성이 앞으로 나서서 이렇게 이야기했다.

"이들도 우리 아이들이에요. 그렇게 하지 마세요."

남성이 순간 머쓱해 하는데 전경들 얼굴에 고마워하는 표정이 역력했다. 그리고는 슬며시 아저씨가 지나가도록 모른 척해주었다. 배제하지 않는 것, 편 가르지 않는 것, 상대의 마음과 입장을 이해하고 보다 큰 차원에서의 문제 해결에 집중하는 것, 바로 이것이 내가 현장에서 느껴본 마더십이었다.

또한 마더십은 상대방에 대한 신뢰와 잠재력에 대한 믿음의 의미도 포함한다. GE의 전설적 CEO였던 잭 웰치는 초등학생 시절 말을 더듬거렸다고 한다. 선생님이 잭 웰치 엄마를 불러서 무슨 문제가 있는가 묻자 엄마는 "우리 아이는 생각의 속도가 더 빨라서 말이 못 따라오는 거예요"라며 아들을 감싸주었다고 한다. 엄마는 그 후로도 그렇게 아들을 믿어주었다. 잭 웰치는 그런 엄마에게 늘 고마워했고 자랑스러워했다. 지금 누가 잭 웰치를 말더듬이로 기억하겠는가. 엄마는 아들 잭 웰치를 통해 세계 경영사를 다시 썼다. 문제가 있다고 날카롭게 지적해서 비판하고 배제하지 않고 부족한 부분도 믿고 기다려주는 것이 마더십이 가진 또 하나의 차원이기도 하다.

마더십이 가지고 있는 이러한 특징들은 사회적인 치유에 꽤 유용한 방법이 될 수 있다. 괴테는 이미 오래전에 영원히 여성적인 것이 인류를 구원할 것이라고 했고, 베르베르 베르나르도 소설『제3인류』에서 '작은 것과 여성적인 가치'에 주목한다. 심리학자이면서 인지 뇌과학자인 스티븐 핑커(Steven Pinker)도 1400페이지 방대한 책『우리 본성의 선한 천사』에서 각종 테러에도 불구하고 인류의 폭력은 점점 감소하고 있으며 그 원인에는 교육의 보급, 공감 능력 증대와 함께 여성성의 증가를 꼽는다. 경영계 그루인 톰 피터스(Tom Peters)는 3W시대, 즉 세계화(Worldly), 웹(Web) 그리고 여성(Women) 주도 사회의 도래를 예견한 바 있다. 이러한 변화들은 단지 석학들의 통찰 안에서만 존재하고 있는 것은 아니다. 그 변화들은 실제로 오고 있으며 자본주의 사회에서 가장 민감하다는 시장(market)에서부터 나타나고 있다.

시장을 바꾸는 새로운 변화

주말이면 혜화동에서는 이야기가 있는 도시농부들의 장터 '마르쉐@'가 열린다. 주부들이 많이 올 것 같지만 젊은이들이 더 많이 찾는 곳이다. 양평에 있는 '문호리 리버마켓'과 흡사한 코드지만, 여기에 '엄마의 마음'이라는 코드가 더해졌다. 생산자와 소비자 쌍방 간에 궁금한 이야기가 오가고 정겨운 덕담도 참 많다. 이러한 신종 시장에 마더십이 투영되어 있다.

반면 대형 할인마트는 속도감 넘치는 할인이나 세일을 하고, 계산기처럼 정확하게 포인트를 쌓아준다. 이는 '우리가 이렇게 편리하고 싸게 제공하니 빨리 사시오'라고 명령하는 아빠의 코드와 흡사하다. 물론 대형 할인마트를 선호하는 사람도 있을 수 있겠지만,

중요한 것은 이제 '시장'이라는 것에도 새로운 변화가 감지되고 있다는 점이다. 사람들은 그저 '돈 내고 물건을 사는 곳'을 넘어서 그곳에서 정서를 느끼고, 배려를 체험하고 싶어 하며 더 나아가 '마음이 느껴지는 장터'에 행복감을 느끼게 된다.

'휘게(hygge)'라는 말도 주목할 필요가 있다. 요즘 인테리어 가구, 카페, 전시 클래식 분야에서 힐링이라는 말 대신에 주목받는 말이 휘게다. 덴마크 노르웨이어로 '따뜻함, 아늑함'을 뜻하는 명사다. 가족이나 친구와 함께 또는 혼자서 보내는 소박하고 여유로운 시간, 일상 속의 소소한 즐거움이나 안락한 환경에서 오는 행복을 뜻한다. 2016년 영국의 콜린스 영어 사전이 선정한 올해의 단어에서 휘게는 '브렉시트(Brexit)'라는 단어에 이어 2위를 차지했다.

따지고 보면 이 휘게라는 것 자체가 이미 한국적 수사에서는 '엄마의 품'으로 해석될 수 있다. 자식을 10개월간 자신의 배에 품었다가 직접 낳고 키운 엄마의 마음은 이미 그 자체로 따뜻함과 아늑함으로 가득하다. 물론 최근에 부각되는 '이기적인 브랜드 맘, 헬리콥터 맘' 같은 문제의 엄마들도 있지만 여전히 많은 엄마들이 어린 자식들과 그들을 통해 사회에 미치는 긍정적 영향력은 막대하다. 남자는 세계를 지배하고 그 남자를 지배하는 사람은 여자라는 말도 있지 않은가.

세상은 남성과 여성이라는 두 개의 성으로 구성된다. 둘은 서로

특질이 다르기 때문에 다양성이 확보되고 균형추를 맞춰가며 앞으로 굴러갈 수 있다. 자전거는 두 바퀴일 때 안정적으로 굴러가며 자동차는 핸들과 브레이크의 힘으로 추동력과 제어력을 확보한다. 엄마의 마음은 지금과 같은 속도의 시대에 방향을 잡아주고 조금 더 천천히 그러나 제대로 갈 수 있도록 해주는 역할을 한다. 그렇다면 이러한 마더십이 중요한 역할을 하는 사회는 어떻게 만들 수 있을까?

마더십 소사이어티가
뜬다

이제까지의 속도 경쟁으로 많은 문제점을 내포하고, 그것을
또 분출하고 있는 한국 사회에서 필요한 것은 3가지로 요약된다.
그것은 바로 톨레랑스의 인프라, 한국 스타일의 공부 공동체 구축,
즐겁고 자발적인 메이커 운동 확산 분위기다.

1. 톨레랑스 : 촛불혁명에서 발견한 한국인들의 톨레랑스

관용과 아량, 포용력을 뜻하는 프랑스어인 '톨레랑스(tolerance)'

는 새로운 한국 사회를 위한 무형의 인프라가 될 수 있다. 프랑스어로 너그럽게 용납하는 관용을 뜻한다. 16세기 종교개혁 시기에 프랑스에서 등장한 것으로, 당시 왕이었던 앙리 4세는 낭트칙령을 반포해 신교를 허용한다. 이후 앙리 4세는 광신적인 구교도에게 암살당하고, 루이 14세 때는 수십만 명의 신교도가 목숨을 잃었다. 이처럼 구교와 신교 사이의 무자비한 살육전으로 대혼란이 빚어졌을 때 등장한 것이 바로 톨레랑스다. 이후 톨레랑스는 자기와 다른 신앙과 사상, 행동 방식을 가진 사람을 용인한다는 의미로 사용되었다. 즉 나의 생각과 신념이 중요한 만큼 타인의 것 역시 똑같이 소중하므로 그것을 존중하라는 뜻이다.

현대사회에서 톨레랑스는 특히 실패를 감싸고, 약자에게 가능성을 열어주고 서로 다른 의견을 용인할 수 있는 매우 강한 보이지 않는 틀로 작용할 수 있다. '스타트업의 천국'이라고 불리는 이스라엘은 시도를 하지 않은 자에게는 냉정하지만 실패를 한 사람에게는 관대하다. 그래서 그들 사회에는 과감하게 시도를 하는 문화가 자리 잡았다. 한국은 한 번 실패한 자나 실수, 실험적인 것에 관대하지 못하다.

더구나 '나와 다른 것'에 대해 적대감마저 가지고 있는 한국 사회에서 이 톨레랑스는 매우 절실하다. 한국은 아직도 적군과 아군의 대립적 시각이 심각하다. 여혐 vs 남혐, 강남 vs 강북, 영남 vs 호남, 청춘 vs 꼰대, 그리고 최근의 촛불 vs 맞불 등도 마찬가지다. 이것은 자생적으로 생긴 것이라기보다 '아빠 리더십'이 양산해낸 극단적인 분위기에서 만들어져 왔다. 특히 군사독재 정권 시대의 정치적 프레임이 큰 몫을 했다. 박정희 대통령 때 만들어진 편 가르기와 레드 콤플렉스, '우리가 남이가'와 같은 집단 중심적 발언 등이 이러한 편 가르기를 만들어왔다. 만약 한국이 레드 콤플렉스 대신 40년 전부터 톨레랑스와 남의 말을 인정하고 다양성을 수용하는 문화를 키웠다면 지금 우리는 어떤 사회를 살아가고 있을까?

하지만 우리는 최근 촛불집회에서 우리 식의 톨레랑스를 확인할 수 있었다. 광화문에 등장한 촛불은 과거 1980~90년대의 최루탄과 짱돌보다는 훨씬 톨레랑스에 가까운 행위다. 극좌에 가까운 사람부터 보수적인 사람들까지 참여하면서도 격렬함이나 물리적 충돌 없이 자신들 의사를 표현한다.

뿐만 아니라 동성애, 반려동물 생명권, 여성성, 다문화 수용 등 온라인과 모바일에서 보여주는 밀레니얼 세대의 관용, 그리고 최근 스타트업에서 나타나는 자유로운 기업문화 등도 톨레랑스 사고가 열린다는 징후다.

기업에서 아이디어를 얻는 새로운 방식인 브레인스토밍(brain-storming)에는 철칙 하나가 있다. 상대방의 말을 비판하거나 트집을 잡지 않는 것이다. 거기서 권장되는 화법은 '그러나……', '그런데……'가 아니라 '그리고……' 또는 '거기에 덧붙여……'이다. 먼저 상대방을 인정해주는 것이다. 그러면 사람들이 비로소 머리를 열고 입을 떼기 시작하며 서로의 아이디어가 상승 발전한다. 우리가 마더십 사회로 진화하기 위해서 이렇게 서로를 인정하고 배려하고 수용하는 톨레랑스의 정신은 반드시 필요한 사회적 인프라일 것이다.

2. 한국 스타일의 공부 공동체 : 공부 + 경제 공동체의 확장

요즘 제주도로 이주를 많이 간다. 지난 2015년 말을 기준으로 7년 연속 순증했으며 인구는 11퍼센트가 늘어났다. 수치상으로도 상승했지만, 지인 중에서도 이주를 한 사람들이 적지 않다. 그런데 이런 사람들의 공통점 중 하나는 매우 '독종스럽게' 살아왔던 사람들이라는 점이다. 하지만 그러한 생활에 지쳐서 도시에서 살아가기 힘들어했고 결국에는 지방 이주라는 새로운 삶의 방식을 선택했다. 그들이 가진 또 하나의 공통점은 사람들끼리 잘 모인다는 것이다. 그 동네 어르신, 토박이와 친해지는 것은 적응에 필수다. 공동체 문화로 귀촌한 그들은 100세 시대를 이전처럼 불안해하지 않게 되었다고도 말한다.

그런데 알 것도 같고 모를 것도 같은 아리송한 것이 바로 이 공동체다. 이 말은 다양한 연상 작용을 가능케 한다. '낭만적, 나이브, 자연, 자율, 탈출, 공유, 농촌' 같은 것부터 '가난한, 단체 생활, 진보적, 히피, 소수자들 신념, 격리' 등이 떠오르지 않을까 싶다. 그런데 공동체 정의는 비교적 단순하고 분명하다. 1950년대 영국의 사회학자 레이먼드 윌리엄스(Raymond Williams)는 '커뮤니티'의 사용 양태를 분석하여 다음처럼 의미 변천을 추적했다. 14세기부터 17세기까지는 신분이 높은 사람들과 구별되었던 평민, 서민을 가리키다가 16세기에는 여기에 이해의 일치나 재산의 공유 또는 동일성이라는 의미가 추가되었고 18세기 이후에는 어떤 지역에 거주한다는 의미로 쓰였다는 것이다. 미국의 문화인류학자 마거릿 미드(Margaret Mead)는 "장소의 의미에도 사용되고, 신조를 나누어 가진 많은 사람들이라는 의미로도 사용된다"라고 말한다. 다른 정의도 많다. 그런데 종합하면 '평민적, 지역성, 동일성(신조), 경제적 공유' 등이 공동체의 공통 요소로 정리된다.

이 공동체 회복 운동은 글로벌 차원 석학들 이론에서도 자주 나온다. 베스트셀러 『정의란 무엇인가』로 유명한 마이클 샌델(Michael Sandel) 교수는 스토리 공동체에서 정의를 찾자는 공동체주의 철학자다. 『드림 소사이어티』를 쓴 덴마크의 롤프 옌센(Rolf Jensen)도 부족사회로의 회귀를 주장한 미래학자다. 부족은 이야기 공동체를 기반으로 하는 집단이기 때문이다. 가장 혁신적인 기업 중 하나로 소개되는 유기농 식품 체인 홀푸드의 CEO 존 매키(John Mackey)는 자신들 회사의 글로벌 팀장 회의를 '부족회의'라고 표현한다. 그리고 그들 회사는 주주 중심 대신 고객, 납품업자 종업원과 사회구성원 등 관계자 중심 경영을 실천한다. 이는 다른 말로 하면 기업 공동체다. 종말 시리즈로 유명한 제러미 리프킨(Jeremy Rifkin)의 비교적 최신작인 『공감의 시대』도 이제는 공감이 중요해진 시대라고 주장하는데, 이 공감 능력 역시 공동체 생활에서 필수적으로 요구되는 감각이다. 여기서 더 나아가 클로테르 라파이유 박사는 새로운 지구 공동체를 살아가는 글로벌 부족(글로벌 허브를 자유롭게 여행하며 생활하는 부족)의 출현을 주목한다. 그들은 국적, 민족, 종교 불문으로 어울린다. 공정무역을 하는 기업가나 오가닉 운동가, 환경 운동가들도 넓은 의미에서 보면 공동체주의자들이다. 지구촌 단위라는 그들의 지역성과 신조, 경제 행위를 공유하기 때문이다.

결과적으로 공동체란 지속성, 자발적 협동과 나눔, 공통의 이야기, 차별화된 놀이 문화 등을 가지는 집단이라고 할 수 있다. 오늘날 투자 목적인 아파트 단지, 침묵의 직장, 베드타운, 스승 없는 학교나 이야기가 실종된 쇼핑몰 등이 놓친 가치들이 그곳에는 많이 남아 있다.

그러나 중요한 것은 '한국이 과연 공동체하고 궁합이 맞는 민족인가' 하는 점이다. 아무리 그것이 이론적으로 한국 사회의 새로운 대안 중 하나라고 하더라도 그것과 궁합이 맞느냐는 매우 중요한 문제다. 문화가 어울리지 못하는 대안이란, 결국 지속될 수 없는 이상적인 해답에 불과할 것이기 때문이다.

결론부터 이야기하자면 한국인들의 공동체 유전자는 매우 강하다. 이미 서울을 중심으로 많은 협동조합이 생겨났고 각 지자체 재래시장 공동체도 청년 상인이 가세하면서 새로운 바람이 불고 있다. 서울을 제외한 지자체에서 시행 중인 관광 두레도 아직 태동 단계이지만 향후 주목할 만한 주민 참여 경제 프로그램이다. 구본형의 '변화경영 연구소'나 '수유너머'의 예처럼 스스로 공부하는 모임도 많이 늘었다. '우리'라는 말을 아주 쉽게 쓰는 한국인은 선천적으로 공동체주의자라는 주장도 있다. 중국은 공산주의 체제지만 기질적으로 자본주의자들이고 한국은 자본주의 체제면서도 속 기질은 평등주의라는 것이다. 공동체의 기초는 가족주의와 평등사상이다. 그런 기질은 우리가 쓰는 용어에서도 쉽게 드러난다. 나이가 든 사람을 일컫는 아저씨, 아줌마라는 호칭은 원래 씨족 사회에서 친척 어르신을 부르는 것인데 지금은 친척 간이 아님에도 광범위하게 쓰이고 있다. 조폭 우두머리를 미국은 보스라고 하는데 한국은 형님이다. 일본은 오야붕(親分), 중국은 따꺼(大兄)라고 하는 것을 보면 한·중·일은 꽤 가족적인데 한국은 대학에서도 선배보다는 '형이니 오빠'이고 비즈니스계에서도 조금만 얼굴을 트면 나이를 따져 '형님, 언니'라고 부를 정도로 씨족 문화 전통이 강하다. 심지어는 외국인에게 자기 아내를 소개할 때도 습관적으로 '우리 아내'라고 해서 외국인들이 당황해한다고 할 정도다. 한국인들은 이런 것들이 너무 당연해서 잘 인식하지 못한다.

행복도와 사회 경쟁력 부문에서 세계 톱을 달리는 덴마크나 노르웨이 같은 북유럽 국가는 협동조합 공동체 모델에서 독보적이다. 노령화와 지역 마을 쇠퇴에 시달리는 일본은 마치 츠쿠리(町作り, 마을 꾸미기), 그리고 중국과 타이완은 상인과 가족 전통을 중심으로 한 꽌시 공동체, 부패지수가 높은 스페인, 이탈리아, 그리스 등은 최근 실험 중인 온라인 정치 공동체 등에서 독특한 모델을 만들고 있다. 이런 공동체들 외에 이야기/문화 공동체와 최근에 생겨난 카톡·밴드·라인 같은 모바일 커뮤니케이션 공동체, 기존의 비즈니스 원칙을 깨는 기업-관계자 중심 커뮤니티, 곳곳에서 생겨나는 작은 인문학 카페 모델 등도 있다. 뉴욕에서 시작한 위워크(We Work)는 독특한 비즈니스 오피스 공동체를 형성하고 있어 화제다. 이 비즈니스가 이뤄지는 모델에 소프트뱅크가 200억 달러를 투자했다.

여기서 얻을 교훈은 이들이 다 전통과 현실 문제에 기초해 갈등하며 발달한 공동체 모델들이라는 점이다. 과연 이들 모델이 한국의 DNA를 지켜가며 동시에 한국 문제를 해결할 수 있을까? 만일 남의 옷처럼 뭔가 어색하다면 한국인에 찰떡처럼 잘 맞는 다른 공동체는 혹시 없을까? 궁금한데 우리가 찾을 공동체는 도시 소외를 해결하고, 한국인 유전자를 이어가며, 개인에게 이익도 주면서 세계에서도 한국의 독보적인 모델이 될 그런 공동체다.

그것은 바로 '공부 경제 공동체(Learning & Earning Community)'다. 기존 공동체의 중심인 혈연과 위계 대신 공부를 중심으로 두고 공부에 의한 연대, 깊은 공부를 통한 발견, 발상의 시프트 그리고 상호 다른 생각 인자들을 융합한 투게더력으로 창조 프로듀싱 기반을 만들어 이것이 경제에까지 확장되어 세상을 홍익하자는 것이 공부 공동체의 지향이다. 이것은 다른 공동체주의자들이 말하는 것과는 좀 다르다. 그동안 공동체 논의는 자율성, 협동과 나눔, 사회 개혁에 대한 비전의 공유와 이야기 등이었다. 다 훌륭한 가치들인데 나는 거기에 공부라는 요소를 새롭게 핵심 허브로 넣었다. 한국은 평생 공부하던 선비, 백성을 깨우치려고 만든 한글이라는 위민사상의 발명품, 지방에 만든 향교 서당 서원, 인구 대비 유학 인구 세계 1~2위, 문맹률이 제일 낮으며 오바마 전 대통령이 한국의 교육을 배우라고 한 스토리를 가지고 있다. 이런 나라가 과연 있을까?

누가 뭐래도 한국은 공부로 성공한 나라다. 자동차의 핵심 부품은 엔진이듯, 공부는 특히 한국이라는 공동체에서 엔진처럼 작동할 가능성이 크다. 사실 공부가 공동체에 작동하는 효과들은 세계적으로 증명된 바 있다. 아주 멀리는 문명 시대를 열었던 중국 춘추시대의 제자 백가와 그리스의 아카데미에서 예를 찾을 수 있다.

현대에는 이를테면 작가 알랭 드 보통이 주도한 영국 런던의 '인생 학교(The School of Life)'가 세계에 10개 지부를 두고 활동하는 것도 예로 들 수 있다. 미국 철학자 얼 쇼리스(Earl Shorris)가 시도한 클레멘트 인문학 코스, 미국의 TED 강의, 영국 옥스퍼드대학의 티톡스(Tea Talks) 모델, 일본의 마쓰시다 정경숙 등도 주목받는 케이스다. 이중 일부는 공동체적(정경숙, 클레멘트 코스, 인생학교)인 것도 있고 중간적인 것도 있다. 한국에도 인문학자들이 모인 수유너머, 미래촌, 민간인이 운영하는 간디학교, 인문학 공부 협동조합 카페 등이 꽤 많이 있다. 이곳들에서는 공부와 경제 행위가 같이 이루어진다. 경제 수단은 주로 내부·외부 강의와 출간, 공공이나 민간 프로젝트 수행 등이다. 이런 개별 시도들을 한국이라는 나라 단위로 널리 보급하자는 것이 '마더십 소사이어티 구상' 중 하나다. 적용 범위는 나라 단위이지만 개별 단위로는 굳이 크지 않아도 된다. 10명에서 30명 이내 독서 모임, 글쓰기 모임, 특정 주제에 대한 토론이나 연구 모임 등도 훌륭하다.

최근 미국 명문대를 중심으로 확산 중인 무크(MOOC; Massive Open Online Course, 온라인 공개 대학 수업)는 새로운 공동체에서 주목할 만하다. 대표적인 무크로는 'Udacity, Coursera, edX' 등이 있고 한국 대학교도 일부 시행 중이다. 2012년 「뉴욕 타임스」는 온라인 공개 수업을 교육계의 가장 혁명적인 사건으로 꼽으면서 "온라인 공개 수업이 대중들을 위한 아이비리그를 열었다"라고 평가했다. 이것은 단순히 교육적인 혁신일 뿐만 아니라 글로벌 단위로 공부 공동체의 도래를 말해주는 시그널이기도 하다.

한국은 지독하게 공부를 하여 선진국이 된 만큼 공부만큼은 세상과 공유할 부분이 있다. '세상과의 공유'라는 말이 일견 당연하게 들리겠지만 공개되고 공유되지 않는 공부는 위험하다. 위험한 사례가 바로 '탈레반'이다. 탈레반은 원래 아프간 남부를 중심으로 거주하는 파슈툰 족(Pashtun)에서 출발한 조직이다. 그러나 애초부터 무장 전투 조직은 아니었다. '탈리브(talib)'는 공부한다는 뜻에서 온 것으로 전통식 이슬람 학교 학생들을 가리키는 말이다. 따라서 탈레반은 '학생조직'이다. 탈레반은 1990년대 중반에 활동을 시작, 지도자 무하마드 오마르(Muhammad Omar)를 중심으로 결속해 1997년 정권을 장악해 아프간을 통치했다. '얼굴 없는 지도자'로 알려진 무하마드 오마르는 추종자들 사이에 '물라'(mullah)'로 불렸는데 이는 '스승'이라는 뜻이다. 그들에게도 공부는 토론하고 실천하는 행위를 포함하는 것이었는데 다만 무슬림 파벌들의 배타성을 강화한 공부였다는 것이 문제점이었다. 그들 입장에서는 불가피

219

하다고 하겠지만 세계는 그로 인한 테러 공포로 떨고 있다. 그래서 '세상과 공유'하는 것은 매우 중요한 지향이다.

마침 부산에서 벌어진 놀라운 공부 공동체 사건이 있다. 이는 어른이 아니라 청소년들이 만든 일대 사건이다. 부산 청소년들이 만든 이 공부 공동체는 '인디고 서원'이다. 시작은 수영구 남천동에 청소년의 문화 활동을 위한 장을 마련하기 위하여 2004년 건립한 42.9평방미터의 동네 책방이었다. 청소년을 주체로 다양한 인문학 운동을 전개하고 있다. 광범위한 소통과 연대의 장을 추진하여 2010년 4월에는 '가치를 다시 묻다'를 특집으로 한 영문 청소년 잡지 『인디고』를 창간하였는데, 그들의 홍보자료를 보면 영국 리즈대학(University of Leeds) 사회학과 교수인 마크 데이비스(Mark Davis), 유엔 아시아 청소년 교육 자문 위원인 네팔의 산토시 샤흐(Santosh Shah), 스웨덴 웁살라대학(Uppsala universitet) 교수 브라이언 파머(Brian Farmer), 슬라보이 지제크(Slavoj zizek)와 지그문트 바우만(Zygmunt Bauman) 등의 학자가 편집진에 합류하였다고 한다. 발행부수 1만 부에 달하는 잡지는 캐나다의 유통 회사인 디스티코(Disticor)를 통해 세계 각지에 배급되고 있는데, 이는 현재 해외로 나가는 유일한 부산발 인문학 잡지다. 공부 공동체의 위력은 이렇게 청소년들에 의해서 증명된다.

공부는 확장성이 높은 아이템이다. 공부는 많은 사람을 고급한 수준으로 연결시켜 준다. 세계의 머리 좋은 사람들은 일단 공부를 좋아하며 공부를 한다고 하면 기쁜 마음으로 친구가 되어준다. 만일 직접 섭외하기가 부담스러운 누군가와 가깝게 되고 싶다면 여러분 회사나 모임에 강사로 초대를 해보라. 성공률 거의 80퍼센트 이상은 장담한다. 이렇게 세상은 공부로 모인다.

공부 공동체가 좋은 점은 한 번 쓰면 소모되는 상품과 달리 공부는 나눌수록 커지는 보물과 같다라는 점이다. 상품은 쓰면 탐욕이 생기지만 공부는 쓰면 정신이 고양되고 좋은 친구들이 모인다. 공부 공동체는 도시 탈출자들과 연결되어 지자체에 새로운 성과를 낼 수 있다. 공부하는 사람의 생산성은 월등히 높은 법이다. 그러면 전국 농촌 사회에 케임브리지 현상이 발생하여 일대 도약이 이루어질 가능성이 높다.

3. 즐겁고 자발적인 메이커 운동의 확산

마더십 소사이어티를 만드는 세 번째 부문은 '메이커 운동'이다. 도시가 고향인 젊은 세대는 까맣게 잊고 있겠지만 과거에 시골 사람들은 대부분 멀티 플레이어였다. 남자들은 농사를 짓고 집을 만들고 고기를 잡고 괭이와 그릇 악기, 그리고 아이를 위해 연과 팽이와 썰매 등을 직접 만들었다. 엄마나 딸들은 이런 남자를 흐뭇하게 바라보고 자랑스러워했다. 그때 그들은 나무 재질과 풀, 땅과 도구를 이해했다. 고단한 삶이었지만 자연과 유리되지 않았다. 그들은 생산이 소비와 직결되어 있었다. 여자들도 음식은 물론 직접 옷을 만들어 입었다. 그들은 메이커였다. 그런데 분업화, 전문화가 되면서 이 메이커들은 소비자들로 퇴화(?)되었다. 메이커 본능을 잃어버린 것이다. 엄마는 아이를 위한 옷을 만들지 모르며 주식으로 돈을 잘 버는 아빠는 더 이상 팽이와 썰매를 만들어주지 못한다. 그냥 신용카드만 건네 줄 뿐이다. 그런데 이제 다시 메이커 운동이 일어나고 있다.

이 운동은 오픈소스 제조업 운동으로 미국 최대 IT 출판사 오라일리 미디어(O'Reilly Media) 공동창업자였던 데일 도허티(Dale Dougherty)가 만든 말이다. 메이커는 테크숍(Techshop) CEO로 '메이커 운동'을 선언한 마크 해치(Mark Hatch)가 뭔가 만드는 사람, 새로운 만들기를 이끄는 새로운 제작 인구를 가리킨다고 말했다. 2014년 백악관에서 '메이커 페어'가 열렸는데 오바마 대통령은 메이커 운동이 앞으로 수십 년 동안 새로운 일자리와 산업을 만드는 미국 제조업의 토대가 될 것이라고 했다.

그렇다면 이러한 메이커 운동이 새로운 한국 사회를 만드는 데에 어떤 도움이 될 수 있을까? 숙명여자대학 이지선 교수에 의하면, "메이커 운동에서는 재미가 매우 중요하며 다른 메이커들의 커뮤니티 안에서는 누구나 자기가 가진 것을 내주고 어른과 아이가 서로 존중한다"는 것이다. 이 안에 톨레랑스, 생각하는 공부 공동체 요소가 다 어우러져 있다. 이 교수는 메이커 운동에서 가장 주목해야 하는 건 기술 그 자체보다 공유와 협업, 그리고 커뮤니티라고 강조한다. 메이커 운동에서는 첫 번째 만들기, 두 번째 공유하기, 세 번째 주기를 말하는데 주는 것은 이타적 행위를 실천하는 것이다. '사고팔기'에서 '주고받기'로의 변화는 삶의 패러다임을 바꾸는 시도다. 과거 메이킹 공동체로의 회귀이기도 하다. 이지선 교수는 또 말한다.

"너무 많은 꿈을 꾸지 말고 현재에서 즐거움을 찾으려고 해요. 그런데 저만의 즐거움에 그치는 것은 아니면 좋겠어요. 그래서 뭔가 남하고 관련된 즐거움을 끌어내는 게 전 이상적이라고 생각해요."

이 교수의 이 말은 지금 취업이 급한 사람에게는 한가한 소리로 들릴 수 있다. 그런데 커뮤니티의 즐거움을 위해서 구상을 하고 메이킹을 하면 의외로 길이 열릴 수도 있다는 것이 사실은 메이커 운동의 숨은 핵심이다. 그간 경쟁하면서 남을 이기기 위해 노력해왔던 '독종'들에게 새롭게 필요한 것은 이제 서로가 평등한 입장에서 협력하여 새로운 것을 만들어 나가는 새로운 지혜가 필요하다. 그리고 이것이 궁극적으로 창업과 사업으로 연결되었을 때, 더 이상 과거의 '쾌속질주의 성장'이 아닌 '천천히 함께 하는 성장'을 만들어낼 수 있으며 그 성장의 과정에서 과거처럼 소외와 배제가 발생하는 것이 아니라 공존과 협력이 존재할 수 있다.

특히 시대적으로 메이커 운동이 발전할 수 있는 충분한 토대가 형성이 되었다. 제조업의 문턱 자체가 낮아졌기 때문이다. 그 예로 금속 부품을 가공할 때 쓰는 밀링 기계는 1980년대까지만 해도 매우 복잡하고 비싼 기계였지만 CNC 밀링 기계가 생겨 일반인도 프로그램 사용법만 알면 강철을 깎아 공장에서 만든 것만큼 튼튼한 부품을 만들 수 있게 됐다. 3D 프린터도 개인 용도로 100만 원대에 구입할 수 있다. 3D 프린팅의 미래가 궁금하다면 과거 재봉틀을 생각해보라. 재봉틀 덕분에 집에 있던 여자들도 단순한 바느질에서 재능이 있는 여자는 디자이너로 변신하고 나아가 패션 기업을 만드는 원동력이 되었다.

무료 공개된 컴퓨터 제도 시스템 오토데스크 123D, 3D 스캐너나 레이저 절단기 등도 메이커 운동의 배경이 된다. 또 하나 배경은 오픈소스로 협력이 쉬워졌다는 점이다. 이제 사람들은 컴퓨터로 그린 도면을 웹사이트에 공유한다. 개발자가 집단지성으로 프로그램을 개선해가듯 메이커 역시 도면이나 제작 노하우를 인터넷에 공유해 제작 기술과 결과물의 품질을 발전시킨다.

'메이커스페이스(Maker Space)'라고 불리는 협업 공간도 확산 중이다. '테크숍', '해커스페이스(hackerspace)', '팹랩(Fab Lab)' 등 다양한 이름으로 불리는 메이커스페이스는 메이커의 사랑방 역할을 한다. 메이커스페이스는 한 달에 몇십만 원만 내면 전문 장비를 맘껏 이용할 수 있다. 미국에서는 '킥 스타터(Kick Starter)'나 '인디고고(Indiegogo)' 같은 크라우드 펀딩 서비스도 불특정 다수 투자자에게서 자금을 조달해 제작에 착수할 수 있는 길을 열었다. 시장 변화에 발맞춰 기존의 공장 생산라인도 유연하게 바뀌는 중이다. 집 안에서 온라인으로 공장 생산라인을 가동할 수 있는 것이다. 예를 들어 세계의 공장이 중국인데 세계 최대 B2B 상거래 웹사이트 알리바바에서는 내 주문을 소화해낼 수 있는 수십 개부터 수만 개까지 중국 공장 목록을 찾을 수 있다. 도면을 보내고 신용카드로 제작비를 결제하면 집에 앉아 물건을 받아볼 수 있다.

우리나라 정부 역시 2014년 7월 현재 20만 명 수준인 메이커를 향후 1천만 명까지 육성한다는 야심찬 계획을 발표했다. 2020년까지 1천만 명에게 3D 프린터 활용 교육을 실시하겠다는 것이다. 과학관과 도서관, 초·중·고등학교에 3D 프린터를 보급하고, 2017년까지 130개 '셀프제작소'를 구축할 계획이라고 한다.

만드는 것이 꼭 컴퓨터 소프트웨어, 공작기계일 필요는 없다. 장난감, 캐릭터, 요리, 농산품, 스토리도 다 가능하다. 예전의 한국 마을은 다 메이커 마을이었다. 가죽, 도자기, 신발, 유기 등등을 만들었기 때문이다. 최근에는 도시에서도 메이커, 셀프 브랜드 매니저 사례가 점점 늘고 있다. TV에서도 이러한 코드를 반영한 '삼시세끼'와 '정글의 법칙'이 인기를 끌었고 30대 젊은 여성들이 귀촌을 하려는 움직임이 분명히 감지된다. 은퇴자들 가운데 목공 배우기와 내 집 직접 짓기 움직임이 활발한 것을 보면 메이커 본능에 불이 붙었다는 것을 의미한다.

이 메이커 운동은 2가지가 중요하다. 하나는 스스로의 메이킹에 의미를 부여하며 즐기는 태도, 다른 하나는 지속성이다. 유럽은 리빙랩(living lab)*을 중심으로 메이커 네트워크가 운영되며 영국은 공교육 선진국답게 공교육 시스템에 메이커 내용을 반영한다. 이것은 한국도 적극 벤치마킹할 필요가 있다. 중국은 산자이(山寨, 짝퉁)문화를 바탕으로 제조업과 결합한 메이커 운동을 펼친다. '산자이'는 원래 산적들이 친 울타리를 의미하는데 정부의 통제를 받지 않는 지역이라는 뜻이다.

정부가 직접 메이커 1억 명을 키워 제조업의 새로운 도약을 이끌어낼 것이라는 방침을 세웠다. 반면 일본은 장인들이 다양한 메이커 활동을 펼치는데 로봇, 전자 분야를 특화해 정부와 민간 기업의 후원을 받으며 문화가 확산되는 추세다.

---

* 기술을 활용해 생활 속 문제를 혁신하는 스마트 마을 실험실.

마포구, 가상의 공동체 이야기

다음은 2020년 서울시 마포구에서 일어날 법한 이야기다. 마더십의 기치 아래 톨레랑스와 공부 공동체, 그리고 메이커 운동이 결합되면 어떤 일이 일어날 수 있는지를 상상해 보고자 한다.

합정동에 있는 '당신은 행인 나는 나룻배'는 인문학 카페면서 공부 공동체다. 회원들은 200여 명이며 그들은 회비를 일정 부분 납부하는 조합을 구성하여 카페를 운영한다. 카페 내 강의실에서는 강의와 '삶의 질'에 대한 회의가 주 단위로 이루어진다. 카페 내부에서는 인문학 관련 책 500종 이상을 팔고 20대와 은퇴 예정자를 상대로 한 글쓰기 강좌, 출판 등으로 월 평균 4000만 원 이상의 수익을 낸다. 수익은 미래를 위해 저축한다.

인문학 모임인 '경계너머'는 공간을 빌려 소수 연구자들이 기숙한다. 주로 인문과 한국 고전에 대해 공부하며 그를 바탕으로 전문적 수준의 강의와 출판을 한다. 이들 중 2~3명은 이미 스타 작가 반열에 들어간다. 그림을 공부하는 '다 그림'이라는 공동체도 있다. 그들은 대부분 미대 출신으로 디자인, 일러스트, 설치 등 자기 일을 하면서 정기적으로 모여 후기 인상파에 대해서 20여 명이 모여 공부를 한다. 그들의 주제는 '인공지능 시대, 일상에서 본 AI에 인상'이다.

AI가 바라보는 인상을 패러디해서 인공지능을 조롱하는 관점이다. 그 내용을 공동체 자체 블로그와 모바일 전시회로 대중과 공유한다. 그들의 수익모델은 차 외부와 집 페인팅, 웹 홈페이지와 모바일 스크린 디자인, 목공 제품 등에 그림 콜라보레이션 등이다. 이 모델은 AI에 대한 냉소적 시각이 늘면서 최근 반응이 좋아졌다. 그들은 또한 그림을 통한 치유도 연구한다. 그에 대한 책도 출간했고 서울의 서른 군데 병원에 그림 치유 프로젝트를 한다. 4차 산업혁명 시대에 오히려 수입이 더 짭짤하다.

이들과는 반대로 AI와 인간의 화해를 연구하는 공동체도 있다. 공동체 이름은 '노 유(No You)'이다. 얼핏 '너는 없다'로 해석되지만 사실은 반대다. '네가 아니고 (우리다)'라는 뜻으로 인공지능을 또 다른 인류로 맞이하자는 공동체 모임이다. 인공지능을 좀 더 인간 친화적으로 활용해서 서로 윈-윈하는 방법을 연구하는 공동체다. 컴퓨터 공학자, 드론 활동가와 인문학 공부자들로 구성되어 있다. 의외로 10대, 20대 연구자도 20퍼센트 이상 된다. 노약자와 혼족 등에 인기가 높은데 이들은 인공지능을 활용하는 기업들의 협찬을 많이 유치하는 편이다.

3D 프린팅으로 목공예품을 만드는 '목불인간(木佛人間)' 메이커 공동체도 있다. 이들 각각의 공동체는 소단위 공동체로 묶이는데 이 공동체 이름은 '오케이! 데어(Yes, There)'다. 여기서 데어는 미래의

행복한 삶 어딘가에 있는 경지를 뜻한다. 이들 단위 공동체에 최근 푸드를 연구하는 공동체가 가입을 신청해왔다. 그 공동체는 농업과 푸드를 연결해서 매크로 바이오틱(전체식) 방법으로 진생 열매, 뿌리, 잎, 줄기까지 진생의 모든 영양을 담은 토너, 에멀전, 에센스, 크림 등을 생산하는 공동체다. 여성 촌장은 과거 부산영화제 기획실장을 했던 이색 전력을 가지고 있다고 했다.

각 공동체는 공통적으로 간단한 운영 원칙을 가지고 있다. 모두가 지켜야 할 규칙으로는 '그러나', '그런데' 대신 '그리고', '거기에 하나 덧붙이자면……'이라는 화법을 써야 하고 연 80퍼센트 이상의 출석률을 지켜야 한다. 그리고 무임승차를 막기 위해서 1인 3건 이상의 수익 아이디어 또는 연 2000만 원 이상의 연결수익 실적을 내야 한다. 3년 동안 이 조건을 충족시키지 못하면 1년간의 유예기간 후 공동체에서 퇴출된다. 조직에서 재미있는 것은 촌장 밑에 직속으로 웃음 매니저가 있다는 것이다. 장수 마을은 대부분 잘 웃는다는 점에 착안한 것이다. 그는 공동체를 웃음이 넘치는 곳으로 운영을 한다. 이들 공동체는 보통 7~8개 공동체로 엮인 소단위 공동체에 소속된다. 이런 그룹화에 반대하는 회원들도 있지만 장점이 더 많으므로 대부분 이를 수용하기로 했다. 단위 공동체를 하면 공동 구매와 공동 사무 지원, 상호 연결망 강화 차원에서도 좋다. 예를 들어 아프리카의 잼배 공연 팀을 불러도 이들 소단위 공동체 차원으로 부른다.

그러면 비용 부담도 줄고 친목은 강화된다. 정치적 힘도 세져서 자치단체장이나 의원들은 이들을 무시할 수가 없다. 이들 공동체의 와해율은 10퍼센트 정도다. 와해되는 주 이유로는 수익모델 부실이다. 이들 공동체는 모두 구청에서 운영하는 온라인 사이트에 등재된다. 네티즌들은 그 사이트에서 이들 공동체의 활동을 보고 제휴 신청이나 답글 등으로 연결된다. 서울 마포구는 구에 공동체 지원센터를 두어 이들의 활동을 지원한다. 공동체 탐방 투어 프로그램도 꽤 인기다. 덕분에 마포구 상권 매출이 평균 5퍼센트 올랐다. 마포구에는 이런 공동체가 현재 100개에 소속 인원 5000명이 넘는다. 2019년 이후 급속히 늘었다. 공부 공동체가 치유, 연결뿐만 아니라 수익도 된다는 소문이 돌면서다. 실제로 그들 수입은 인당 월 200만 원 정도로 일반 국민 연금 수령액을 상회했다. 자기 일을 하면서 이런 공동체 일을 하는 회원 비율은 60퍼센트 수준이다. 공동체 일은 사회 은퇴자나 아니면 사회에 진입을 준비하는 20대들이 주로 운영한다. 방송에서는 소비에 빠져 전통적인 가족 중시 문화가 깨져가는 것을 우려하던 중국에서도 이 공동체 모델에 비상한 관심을 보이기 시작했다고 전했다. 그들은 이를 '공동체 한류의 시작', '새마을운동의 버전업'이라는 말로 기사를 썼다고 한다. 구청은 2020년부터 구민복지의 최대 중점 사업으로 이들 공동체를 지원하기로 했다. 사실은 구 의원 일부도 공동체를 운영하거나 가입해 있다. 서울시는 1년 전부터 이런 공동체를 입법 지원했는데 그들의 중점 지원 내역은 이들 공동체를 영어, 일본어, 중국어로 번역해서 해외에 알리고 해외 직구 유통 연결과 공동체 공부 내용 국제교류전을 열어주는 것이다.

이런 상상이 마포구의 것으로만 그치지는 않을 것이다. 실제로 2012년부터 서울시에서 진행된 마을 공동체 사업은 56개 단위사업에 총 4978건의 사업이 선정되었고, 사업 참여자는 최소 13만 명에서 최대 23만 명으로 파악되고 있다. 이 경우 그들의 행복감도 그만큼 올라가며 시에서 1000만 원 지원 시 그들이 유발하는 경제 효과도 5배 정도 발생하는 것으로 전문가들은 추산한다. 지금 서울시에는 이런 마을 공동체 지원사업과 혁신파크, 창업 허브, 창작 공동체 등이 활발하게 만들어지고 있다. 그럼에도 많은 사람들은 아직 서울시가 하는 공동체 마케팅 구상의 가능성을 모르고 있다. 여전히 기업으로만 몰린다. 불만은 있지만 꿈은 꾸지 않는다. 관성이나 두려움, 고정관념 때문일까?

그럼 한번 이 마을을 보자. 전국 최초로 오리 농법, 우렁이 농법 등 유기농을 실천하고 전파했으며 최근 몇 년 새 귀농 인구가 집중되고 있는 충청남도 홍성군 홍동면 이야기다. 인구 3500명인 그 면에는 귀농 인구만 무려 500여 명인데 원래 마을 사람들과 어울려 40여 개의 협동조합과 100여 개의 다양한 모임이 만들어져 활발하게 운영된다. 귀농 인구 중 80퍼센트가 1년을 못 버티고 다시 도시로 돌아간다는데 여기는 다르다. 윤석화, 가수 비를 찍던 잘 나가던 광고 사진작가, 화장품 회사 디자이너, 혁명을 꿈꾸던 출판사 대표, 30대 보건진료의, 대학을 마치고 돌아와서 빵을 굽는 청년("인생에서 한 가지 일만 30~40년 일해야 하는 직장이란 곳이 두려웠어요. 그렇게 살려고 태어난 건 아니잖아요") 등이 모여서 사진관, 헌책 도서관, 병원 협동조합, 빵집 등을 운영한다. 그들은 귀농한 사람들과 협업하며 밤에는 모여서 그들만의 공부를 한다. 그중 사학을 전공하다가 귀농한 10년 차 한 농부는 "서울에서는 잘 안됐어요. 귀촌을 결심했죠. 농사를 시작하면서 '기껏 농사일 따위를 못할까' 하다가 그 뒤 많이 울었어요." 농사에 실패해서가 아니다. "내가 자연의 일부에 불과하며 너무 큰 세상을 몰랐다는 깨달음 때문이었어요. 여기서는 그런 일을 경험하는 사람들이 많아요. 트럭을 몰고 가다가 갑자기 길가에 트럭을 세워 놓고 하염없이 울어요…… 우리는 그런 깨달음을 얻으면서 자연과 삽니다. 결국 다 같이 사는 겁니다. 수입은 적어도 마을을 떠나지 않을 겁니다." 이상하다. 그들은 왜 돈이 되는 환금 작물 재배보다는 돈 안 되는 옳은 농법, 바른 농사, 공동체와의 협업, 깨달음 같은 것에 집착하는 걸까? 뭘까, 이런 변화는?

한국은 거친 성장을 해왔다. 얻은 것도 많았지만 잃은 것도 많았다. 그래서 속도를 완화하고 문제를 보완하자는 것이 바로 '마더십'이다. 그간의 파더 리더십에 맞서는 새로운 문화다. 이제까지 살펴본 관용의 문화인 톨레랑스, 서로의 성장을 꾀하는 공부 공동체, 그리고 삶을 의미 있게 만들면서도 생산적이기까지 한 메이커 운동이 결합되면 이는 우리 대한민국을 변화시키는 큰 계기가 될 수 있을 것이다.

내 경험이기는 한데 초보 마케터들은 기술이나 데이터를 본다. 중간쯤 되는 마케터들은 트렌드를 본다. 해외 자료를 많이 뒤진다. 아마 이들이 돈을 벌기가 수월할 것이다. 그러나 그의 이름을 걸고 가치는 만들지 못한다. 그러면 곧 추격당하거나 무너진다. 티켓몬스터나 쿠팡 등 소셜 공동구매 시장이 그랬다. 그런데 드물게 있는 고수 마케터들은 그의 이름을 걸고 새로운 시장을 만든다. 스티브 잡스의 큰 공은 스마트폰보다도 앱 시장을 만든 것이고 에어비앤비나 우버, 집카 등의 공은 공유시장을 만든 것이다. 그들이 고수다. 한국에 그런 고수 마케터(여기에는 사회 디자이너, 정책 마케터 등도 포함된다)들이 많아졌으면 좋겠다. 카카오톡으로 메신저 공동체를 만들었고, 수많은 아이돌을 탄생시키고 세계적 오디션 트렌드를 연한류가 그렇게 만들어졌고, 오리 농법을 만든 홍동면 같은 곳이 있으니 못할 것이 없다. 그렇다면 마포구 메이커 공동체 시장 같은 것을 못 만들 것도 없고 메이커 앱 시장도 가능하고 한국에서의 '서민=숨+는 네이기살이'로 바뀌지 않을 것도 없다.

:

한국은
강한 한 방이 필요하다

: 마케터의 눈으로 본 '대한민국 재탄생' 프로젝트 :

그렇다면 마지막으로 국가가 해야 할 일은 무엇일까? 최근에
는 보수정권 주도의 녹색경제와 창조경제가 거론되었으나 그들은
지속성이 담보되지 않은 구호로 끝나고 말았다. 최씨 일가 사태와
세계에 유례없는 천만 촛불 집회 이후로 새로운 정의를 갈구하는
한국은 이제 새로운 국가 전략의 판을 짤 때다.

다음은 차기 정부의 거버넌스 전략 세미나에서 과학기술연합대
학원대학교 이상목 교수가 한 말이다.

"아프리카 보츠와나는 GDP가 1만 5000달러다. 그런데 우리나

라보다 청렴도가 훨씬 높다. 정부에서 30년 전 초등학교부터 청렴 교육을 가르쳤다고 한다. 부정부패를 없애 새로운 국가를 건설해 나가자는 내용의 노래를 의무적으로 부르게 했다고 한다. 여섯 살 부터 도덕적 무장이 확실히 된 것이다. 우리 사회는 절차·과정은 무시하고 결과·목표를 중시 여긴다. 아이가 밖에서 맞고 들어오면 다시 때리고 오라고 가르친다. 밥상머리 교육 수준도 낮다. 윤리 의 식이 굉장히 취약하다. 좀 구체적으로 설명하면 우리는 단기간에 국가를 개조할 수 없다. 정부가 계속해서 5년 만에 성과를 내려고 욕심을 부리다 보니 실패하고 만다."

시스템보다는 정신적인 문제를 강조하고 있다. 이제 국가가 해 야 할 일은 새로운 문화를 통해 새로운 정신을 만들고, 그것으로 새 로운 대한민국을 만들어 나가는 일이 되어야 한다.

대한민국에 필요한 젊은 상상

한국 최대 광고회사 제일기획을 떠나 두 번째 직장 KT&G로 옮 겼을 때 회사는 규모는 컸지만 2가지 문제가 있었다. 계속되는 시 장 점유율 하락에 직원들의 패배 의식이 깊었다는 것이 하나이고, 또 하나는 회사 이미지가 노후해 '아저씨 기업'으로 인식된다는 것 이었다. 그래서 당시 회사 대표는 새롭게 마케팅 본부를 만들고 브랜드 개념을 도입했는데, 그것은 일단 시간이 많이 걸려야 효과가 있을 경영전략이었다. 마케팅 총괄부장인 나는 '당장 이 문제를 어떻게 풀까?' 심각한 고민을 했다. 그러다가 '정과 해머'에 대한 생각을 했다. 정으로 섬세하게 쪼아가며 꾸준히 가는 것도 중요하지만 지금은 일단 해머로 꽝 내리쳐서 조직과 소비자에게 큰 변화의 도래를 알려야 한다는 내용이었다. 고승들도 가끔 "갈" 하면서 수행자의 어깨를 죽비로 내려치던 모습과도 크게 다르지 않다.

그렇게 해서 준비한 것이 결국 내 운명을 갈라놓았다. '대한민국 젊은 상상'을 슬로건으로 2004년 5월에 두 대의 국제 유람선에 서태지, 문화계 명사와 언론인들을 포함해 상상 체험단 800명을 태우고 블라디보스토크로 향했다. 3박 4일 공연을 하는 대규모 원정 이벤트로 시도된 '서태지와 상상 체험단' 프로젝트였다. 당시 방송가와 이벤트계에서는 꽤 화제가 됐던 사건이었다. 무모하다는 소리를 듣기 딱 좋았지만 해머로는 이만한 것이 없어서 밀어붙였다. 결과적으로 서태지의 블라디보스토크 공연은 대성공리에 끝났다. 이어서 온라인에 상상마당을 만들자는 기획을 했다. 해머는 한 방으로는 안 되고 울림이 이어지려면 세 번은 때려야 한다고 믿었다. 그렇게 해서 나온 것이 지금은 문화계와 대학생, 젊은 세대에 꽤 유명해진 '온라인 상상마당' 그리고 '홍대 앞 상상마당'이었다. 그동안에 회사 브랜드 매니저들은 정으로 조용히 날 선 브랜드들을 조각하고 있었다. 다행히 이 시나리오는 잘 통해서 회사는 브랜드도 잘되고 상상 프로그램도 좋은 문화 마케팅 사례로 꼽힌다.

지금 의기소침하고 분열되고 개인 가치가 자잘해진 한국 상황에서는 이 해머의 논리가 필요할 때라고 본다. 1998년 한국에 IMF 위기가 와서 모두가 주식을 내다 팔 때 대우증권이 과감하게 '한국을 사자' 캠페인을 하면서 심리적으로 반전의 큰 힘이 되었던 것은 해머의 논리를 지닌 캠페인 덕분이었다. 당시에 난파할 것 같은 한국 호를 끌고 가야 했던 김대중 대통령에게는 꽤나 힘을 주는 캠페인이었을 것이다.

국가가 세워야 할 정신의 태도

남태평양에는 나우루 공화국이라는 작은 섬나라가 있다. 21만 제곱킬로미터에 인구 만 명 정도의 작은 나라인 이 나라에 어느 날 국가적 행운이 찾아왔다. 아주 질 좋은 인광석이 발견되면서 외부 자본이 몰려들었던 것이다.

인광석은 비료 제조에 필요한 고가의 광물이다. 그렇게 자본이 몰리면서 일자리도 늘고 타운에는 각종 서구의 편의점과 레스토랑들이 들어섰다. 해외 은행들이 들어오자 국제 마피아들의 돈 세탁 기지로도 악용되었디. 그 결과 남태평양에서 가장 부유한 섬나라가 되었다. 그러나 국민들은 곧이어 심각한 문제에 빠져들었다. 사람들은 짧은 거리도 차를 탔고 정크 푸드를 먹고 집에서는 요리를 하지 않았다. 유토피아가 따로 없었다. 그런데 몇 년 후 남자도 여자도 어른도 아이도 다 뚱뚱해지고 게을러져 비만과 당뇨가 급속도로 증가했다. 수명도 짧아졌다. 그래도 그들은 생활 태도를 바꾸려 하지 않았다. 그곳 리더들은 뒤늦게 허둥대고 있었지만 결국 파산까지 몰리게 되었다.

반면 싱가포르는 전혀 다른 길을 걸었다. 싱가포르는 지금 세계적으로 인정받는 도시 국가인데 어떻게 그것이 가능했을까? 싱가포르가 1965년 말레이 연방에서 축출되었을 때 싱가포르가 가진 것은 가난과 더러움 그리고 부정과 부패뿐이었다. 그때 초대 총리 리콴유(李光耀)가 국민들에게 제안한 것은 다름 아닌 '청결'이었다. 흑사병을 겪은 도시도 아닌 국가에서 청결을 주장한 것이 꽤 엉뚱한 발상 아닌가. 더러운 자가 청결해지는 것은 생각보다 쉽지 않다. 싱가포르는 지금도 청결에 엄청나게 집착한다. 그 청결은 이어 정치적 청결, 공무원의 도덕적 청결, 시스템 운영의 청결로 확대되어 다른 나라 기업들이 믿고 투자할 수 있는 국제 교역도시로 성장하는 핵심 자산이 되었다.

나우루 공화국은 잠깐만 보면 꼭 유토피아를 보는 것 같다. 유토피아는 토머스 모어의 익살스러운 반어적 표현인데, 원래 뜻은 '세상에 없는 나라'라는 것이다. 세상에 없을 것 같은 나우루 섬의 교훈은 분명하다. 나라의 운명은 물질 이전에 정신적 태도에 달려 있다는 것이다.

베트남은 자신들보다 화력이 훨씬 월등한 프랑스와 미국 군대를 차례로 물리친 전력이 있다. 세계에서 유일하게 초강대국 미국과의 전쟁에서 승리를 통해 공산화를 이룬 나라이며, 이는 정신력의 힘을 보여주는 사례다. 위기는 위기 자체로 두려운 것이 아니다. 구성원들의 정신력과 태도 여하에 따라 위기는 달라진다. 이것이 대공황 때 루스벨트 대통령이 "우리가 진정 두려워할 것은 (대공황이 아니라) 두려워하는 그 자체다"라고 던진 말의 원래 뜻이기도 하다. 그러니 이제 한국은 경제 활성화, 미래 기술 선취 못지않게 중요한 국가적 정신 가치와 문화전략을 짜야 할 때가 되었다.

마케터의 관점에서 본 새로운 문화전략

영국 옥스퍼드대학 로레알 마케팅학과 교수인 더글러스 홀트 (Douglas B. Holt)가 쓴 책 『컬트가 되라』는 꽤 흥미로운 전략을 제시한다. 이 전략은 기업의 마케팅, 조직문화 담당자와 고위 공무원들이 관심 있게 볼 필요가 있다. 이 책에서 제시하는 전략의 대상은 기업이고 방법은 광고다. 그러나 응용 가능성은 국가 단위까지 가능할 정도로 넓다.

이 책에서 말하는 문화전략의 프레임은 6개 요소로 구성된다. 먼저 한 사회가 안정적으로 진행되다 보면 업계에는 '통념'이라는 것이 형성된다. 그러다가 사회 환경이 바뀌면서 '사회적 파괴' 현상이 온다. 기업은 이에 대해 '새로운 이념'을 제시함으로써 문화 혁신을 해야 한다. 문화 혁신은 소비자에게 이념을 구성하는 요소인 신화, 문화 코드, 편익 후광효과로 제시된다. 이 일련의 문화전략 과정을 나이키의 사례로 통해서 보자.

나이키는 육상 감독 빌 바우어만(Bill Bowerman)과 육상선수였던 필 나이트(Phil Knight)가 1964년에 블루리본 스포츠라는 회사를 설립하고 일본 오니츠카 타이거사(현재 아식스 운동화 브랜드)의 기능성 운동화를 들여와 미국 시장에서 판매한 것이 시작이다. 1972년 승리의 여신인 니케의 미국식 발음을 따 '나이키'로 브랜드 이름을 바꿨다. 초기에는 와플 솔이나 에어 맥스 등 다양한 신발 기술을 적용하고 당시 신발업계 마케팅의 통념을 따라 최고의 스포츠 선수들을 광고 모델로 기용했다. 그 결과 비교적 순탄한 성장을 했지만 1980년대 중반에는 성장을 멈추고 추락하게 된다. 이에 대해서 더글러스 홀트 교수는 이렇게 진단한다.

"1970년대 말부터 미국 경제는 중대한 변혁기에 접어들었고, 이는 결과적으로 사회와 문화 전반에 걸쳐 막대한 영향을 미치게 된다. 지난 25년간 미국을 든든하게 지탱해 주었던 이념이 붕괴됐고 이념의 재구성 작업은 1980년대 말에 가서야 비로소 마무리된다. 경제의 성장 엔진이 멈춤과 동시에 예전에는 당연하다고 생각했던 나날이 발전하던 생활수준이 정체되었고 미국인들은 무엇이 잘못되었는지 그리고 어떻게 반응해야 하는지에 대한 답을 찾아 동분서주했다.”

이런 상황에서 미국은 1970년대 말 가장 개인주의적인 운동인 달리기가 각광을 받기 시작했다. 홀트 교수는 계속해서 이렇게 진단한다.

“혼란한 양상을 빚었던 새로운 자유경제는 미국인들에게 예전과는 전혀 다른 사고방식을 요구했다. 소위 ‘극렬 개인주의(rugged individualism)’*라는 개념이 다시 각광받았다. 그러나 이번 극렬 개인주의의 목표는 서부 개척지, 즉 프런티어에서의 삶이 아니었다. 이제는 글로벌 경쟁이라는 사상 초유의 도전에 맞서 성공하기 위해 고군분투하는 독립적이고 자주적인 사람들의 선언이었다. 다시 말해, 사람들은 정신과 신체 모두를 강인함과 엄격함으로 무장해야만 했다.”

제2차 세계대전 후 유일 강대국으로서 아메리칸 드림의 꿀맛에 빠져 있던 미국이 1973년 1차, 1978년 2차 오일쇼크를 맞고 1975년

---

* 욕구 충족의 모든 책임은 개인에게 전가되어야 한다는 이데올로기.

엔 베트남 전쟁에서 패배했다. 여기에 엎친 데 덮친 격으로 빠르게 성장한 서독과 일본의 침투 등으로 경제가 스태그플레이션에 빠지게 됐다. 홀트 교수는 바로 이러한 사회, 경제적 배경 하에서 미국 국민들의 국민 심리가 얼어붙는 사회적 파괴 현상을 설명했다.

나이키는 이런 상황에서 최고 선수의 최고 플레이를 도와주는 운동화라는 통념을 깨고 대신 나이키의 운명이 걸린 중대한 전환을 시도했다. 외로운 달리기를 해야 하는 러너들의 투쟁적 일상에 초점을 맞춘 '솔로 투혼'이란 이념을 제시했던 것이다. 결과 러닝화에서 나이키는 다시 선두를 회복한다. 그러다가 캐주얼 운동화가 출시되고 마이클 조던을 활용한 에어 광고를 했지만 결과는 대실패로 끝났다. 러닝화의 성공을 불러온 '솔로 투혼'의 이념을 잊었기 때문이다. 나이키는 1988년 '위든 앤 케네디(Wieden+Kennedy)'라는 광고대행사와 계약하면서 솔로 투혼을 살려 'Just do it'이라는 광고 캠페인을 시작한다. 이어서 나이키 광고 중 최고였던 레볼루션이 나갔다. 이들 나이키 광고의 제품이 주는 편익 효과는 '에어 맥스'의 기술이었지만 문화 코드는 '게토와 거기 사는 흑인 청소년이 보내는 농구장에서의 하루'였다. 나이키의 이 캠페인은 이러한 메시지를 주고 있다.

'당신 삶의 주인은 바로 당신이니 삶을 온전하게 통제하라. 일상의 삶에서 우리를 너무나 쉽게 억압하는 세속적인 어떤 힘에도 절

대 굴복하지 마라. 더 이상 합리적 사고로 정당화를 할 필요도 없다. 이제는 행동할 시간이다.'

이 광고는 미국인들에게 자기계발에 나서라는 영감을 주면서 채찍질을 했다. 미국인은 이 이념에 스스로를 동화시켰다. 나이키는 이 솔로 투혼 이념을 그 후 여성층, 다른 나라 등에도 적용하면서 '솔로 투혼 전문 브랜드'가 됐다.

캐릭터 하나가 국가의 문화를 바꿀 수 있다

다른 하나는 카우보이 캐릭터를 활용한 사례다. 미국은 국가가 위기에 처하면 늘 프런티어 정신과 1700년대 미국 건국의 아버지들이 만든 크레도(credo)를 환기시킨다. 초심으로 돌아가자는 이야기다. 그간 이러한 전략은 대체로 잘 통해왔다. 프런티어 정신의 중심 캐릭터가 카우보이다. 카우보이 캐릭터를 이용해 브랜드도 살고 국가의 에너지도 활성화시킨 것이 바로 유명한 말보로 사례다.

말보로는 1847년 런던에 담뱃가게를 연 필립 모리스(Philip Morris)가 자신의 공장 지명을 브랜드화하여 1854년에 '말보로(Marlborough)'라는 담배를 판매한 데에서 출발했다. 초창기에 여성 흡연자들을 겨냥하여 '5월처럼 부드러운'이라는 슬로건을 내걸어 판매했는데 시장은 시큰둥했다. 1955년, 패키지를 바꾸고 광고 대행사 레오 버넷(Leo Burnett)이 '말보로 맨' 광고 캠페인을 벌이면서 판도가 완전히 달라졌다.

미국 서부의 광활한 협곡과 산, 사막, 초원과 같은 배경은 1963년 이후에 등장했다. 당시 "담배의 진정한 맛의 고향, 말보로 컨트리로 오라"라는 문구와 함께 이 공간을 무한한 자유와 극적인 분위기로 연출했다. 광고에 등장하는 모든 남성은 실제 카우보이들이었다. 개척 정신의 상징인 광활한 서부와 카우보이는 미국인들의 향수를 자극했다. 여기에 새로 도입된 패키지는 말보로에 특별함을 더했다. 하드 팩도 혁신적이었지만, 담뱃갑 상부 전체의 뚜껑이 개폐되는 '플립 탑(flip top)'이라는 획기적인 방식은 '레드 루프(red roof)'라는 별칭까지 얻으며 인기를 끌었다. 말보로의 극적인 성공은 1950년대 미국의 사회적 파괴 현상을 그 배경으로 하고 있다. 제2차 세계대전이 끝나고 전장에서 일상으로 돌아온 미국 남자들은 남성성이 거세된 공허감에 시달렸으며 이러한 사회적 파괴의 배경에서 발신된 '카우보이=고독하지만 강한 남자'라는 이념이 매우 주효했다고 볼 수 있다.

핀란드에서도 이러한 사례를 살펴볼 수 있다. 단, 방식은 다르다. 그들은 전통적 스토리를 살리면서도 새로운 국민적 캐릭터를 창출했다. 핀란드는 강대국이었던 러시아와 스웨덴 사이에 끼여 참으로 고단했던 역경을 거쳐 온 나라다. 1155년 스웨덴 십자군에 정복

되어 스웨덴 일부로 병합되었고, 1809년 러시아의 자치령인 대공국이 되었다. 1917년 러시아 혁명 후 독립을 선언하였고 1918년에 공화제를 실시하여 처음으로 독립된 통일국가를 이룩하였다. 그런 핀란드엔 현재 3개의 대표적인 상품이 있다. 자일리톨 껌과 앵그리버드 그리고 무민(Moomin)이다.

무민은 핀란드의 작가 토베 얀손(Tove Jansson)의 동화에 나오는 캐릭터다. 북유럽 신화에 등장하는 초자연적 괴물 또는 거인인 '트롤'의 가족들로서 색깔은 희고 포동포동하며 주둥이가 커서 전반적으로 하마를 닮았다. 이들은 핀란드의 숲 속에 있다는 무민의 골짜기에서 사는데, 동화 속에서 친구들과 함께 많은 모험을 한다. 무민은 여러 텔레비전 프로그램 및 영화의 소재로 쓰였다. 또한 핀란드 수도 헬싱키의 남서부 해안에 위치한 소도시 난탈리(Naantali)에는 '무민 월드'도 있다.

무민 월드에는 50여 개의 캐릭터들이 살고 있는데 장난꾸러기 캐릭터들이 때로는 아이들의 모자를 빼앗아가거나 소동을 일으키기도 한다. 그러면 무민 경찰들이 나타나 악당들을 혼내주고 아이들을 도와준다. 산타클로스만큼이나 유명한 무민을 만나기 위해 이곳을 방문하는 핀란드 아이들은 직업 체험을 미리 하기도 한다. 무민 인형과 책 등 관련 상품은 연 6500억 원 정도가 팔린다. 캐릭터의 나라 일본에서는 무민이 애니메이션으로 만들어져 인기가 높다. 이런 경제 효과만 보면 한국의 대표 캐릭터인 아기 공룡 둘리나 뽀통령이라고 불리는 뽀로로와 비교될 만하나 무민의 교육 문화적 가치는 또 다르다.

무민은 핀란드와 소련의 전쟁 후인 1945년에 국민들에게 희망을 주기 위해 얀손이 만들었다. 이것이 현대에도 꾸준히 인기 있는 비결은 일상과 가족의 소중함, 다양성과 양성평등을 존중하는 톨레랑스와 마더십 소사이어티 때문이다. 동화 속에는 생김새나 출신이 다르더라도 우정을 나눌 수 있다는 메시지가 충만하다. 그래서 현대성과 세계성을 획득했다. 특히 무민의 세계에서는 여성 캐릭터들의 역할도 매우 중요하다. 핀란드 의원 40퍼센트가 여성인 것이 무민의 공로라고 말해지기도 한다. 무민은 캐릭터의 힘이 국가에 미치는 것이 진정 무엇인지 잘 보여주는 사례라고 할 만하다.

현재 한국은 1970년대에서 1980년대까지 미국이 겪었던 사회적 파괴 현상처럼 저성장과 정체성 혼란, 국민적 의기소침 등을 겪고 있는 중이다. 그래서 문화혁신 전략의 결과로 나온 나이키의 솔로 투혼을 한국 버전으로 응용해 'K-솔로 투혼'을 전개해 볼 필요가 있다. 만일 해머 같은 캠페인을 벌이자면 가칭 '삶은 내 안에 있다(My life is in me)'라는 캠페인을 할 수도 있을 것이다. 언제나 답은 내 안에 있고 내가 변해야 환경이 변한다는 생각을 담은 슬로건이다. 그리고 여기에 미국의 카우보이와 핀란드 무민 인형만큼이나 강한 상징 캐릭터를 발굴해낼 수도 있다. 지독한 평생 공부와 평화주의로 외국인이 더 주목하는 국민 캐릭터, 선비일 수도 있고 아니면 한국인이 더 주목하는 주몽일 수도 있다. 그것은 국민들과 크리에이터들이 합의해서 정하면 된다. 캐릭터의 힘은 생각보다 크다. 젊어서 힘들었을 때 이현세 만화가가 만든 캐릭터 까치를 보고 방황을 이겼다고 말한 사람들이 많다. 공포의 외인구단과 까치는 1980년대의 대표적인 독종이었다. 까치는 무서운 투지를 가진 투수였지만 그의 첫사랑이고 인생의 꿈이었던 엄지한테만은 천진난만한 소년으로 돌아갔다. 그래서 "난 네가 좋아하는 일이라면 뭐든지 할 수 있어"라는 전설적인 대사가 나왔던 것이다.

반도체, 우주항공, 자동차, 철강, 로봇에 드론까지 한국의 하드웨어는 비교적 단단하다고 평가되며 최근엔 한류를 통해 문화콘텐츠와 게임 산업까지 영토를 넓혔으니 이제 남은 문제는 휴먼웨어다. 휴먼웨어는 하드웨어와 소프트웨어를 이용하여 상품이나 서비스를 제공할 때에 보유하고 있는 자원과 정보, 시간을 활용하는 기술과 그 기술을 이용하는 사람과의 관계까지 포함하는 것을 말한다. 기업과 국가는 한국이란 하드웨어에 이제 소프트웨어라는 해머를 꽝 쳐야 한다. 그래야 번쩍 깨어날 수 있다. 그래야 사회의 균형이 맞아지고 조금 더 부드러워질 수 있다.

꿈꾸는 독종,
코리아의 1대 조상이 되다

2016년 11월, 한국인을 모은 광화문 광장에는 한국의 힘을 대표하는 위인 두 분의 동상이 있다. 세종대왕과 이순신 장군이다. 세계에서도 놀라는 한글과 거북선을 만든 분들이다. 배경에는 '위민의 정신'이 있었다. 한국인들은 그 광장에서 촛불을 들면서 과거 70년을 돌아봤고 다시 한국의 숨은 저력을 느꼈고 이제 다시 태어나야 한다고 생각했다.

조선 500년의 역사는 혼란과 격동의 세월이었다. 임진왜란과 병자호란을 비롯해 서로를 죽이려는 각종 사화, 공동체를 파괴한 이기적인 당파성 양반들, 천대받은 서얼과 여성들, 실패한 동학혁명과 무력한 한일 병합 등을 보면 가슴이 아픈 경우가 많다. '그때 잘했더라면 지금 한국은 어땠을까?' 하는 아쉬움도 절절하다. 그런데 만일 100년 후 후손들이 다시 지금의 우리를 보면 어떨까?

정치로는 분단된 나라에서 왕조처럼 세습하는 북한은 한심하고, 거짓말쟁이 정치인만 뽑는 남한의 선거제도가 신기하게 보일 것이다. 친일파는 청산되지도 않은 채 권력을 승계했으며, 독립을 시켜주었으나 대신 나라를 두 쪽으로 만든 세력 중 하나인 나라에 대한 사대 현상이 답답할 것이다. 경제로는 0.1퍼센트 부자들이 부를 독식하도록 방치하고, 주식회사 제도에서 소수 주주들이 다수의 종업원 이익을 쉽게 뺏어가는 것도 부당하게 보일 것이다. 도시는 자동차로 넘쳐나고 2만 개가 넘는 24시간 편의점에서부터 백화점, 거대한 할인마트와 온라인 쇼핑몰까지, 많은 사람들이 겪는 쇼핑 홀릭(shopping-holic)에 의문을 가질지도 모를 일이다. 아마도 이런 질문을 던지지는 않을까?

"집집마다 물건들이 별로 부족함 없었는데 왜 저렇게 소비를 하지?"

빅토리아 왕조 때 영국 신사와 귀부인들이 광적으로 설탕과 차에 탐닉했던 것이 좀 이상한 것처럼 지금 한국이 빠져 있는 커피, 정크 푸드, 게임 홀릭 같은 스낵 컬처의 달달 신드롬도 마찬가지로 이해가 안 될 것이다. 청년들이 '헬조선'을 외치며 탈(脫)코리아를 주장하는 것, 책을 읽지 않고 스마트폰만 들여다보는 거북목 인간들이 거리와 지하철, 카페를 메우고 있는 것도 이상할 것이다.

반면 무역 규모가 세계 10위 내에 들었으며, 국민소득은 3만 달러에 가까워지고 있고 선진국에 조기 진입했으며, 문화 한류가 인기이고, 외국 이민들이 점점 증가해서 한국이 훌륭한 지구 마을 역할을 하고 있는 것, 외국도 부러워하는 깡으로 무장한 무수한 기업 영웅들이 한국 재계에 등장했던 것을 매우 놀라워할 것이다. 88서울올림픽과 2002한일월드컵을 개최했으며 차범근, 김연아, 박찬호, 박인비 등 깡을 갖춘 스포츠 스타들이 글로벌 시장에서 활약한 것, 1억 명의 태권도 애호가들이 생겨났고 드라마와 팝에서 한류가 만들어져 세계 젊은이들이 환호하는 것도 그들이 깜짝 놀랄 일일 것이다. 배우 송강호와 박찬욱, 김기덕과 봉준호 감독 그리고 전도연 등이 국제 영화계에서 스타가 되고 세계적인 비디오 아티스트 백남준이 배출된 것은 한국 문화 콘텐츠의 힘이 어느 정도인지를 보여주는 것이기도 하다. 수명이 늘어나 인생 2모작을 넘어 3모작이 가능한 시대가 된 것도 후손들은 다행스럽게 평가할 것이다.

지난 10년간의 대한민국은 리더들의 무능한 실체를 드러냈고 한국의 민낯도 드러났다. 그러나 이를 절망의 이유로 삼을 필요는 없다. 한국은 이제 정치적 성향을 떠나 크게 반성하고 크게 꿈을 꾸어야 할 때가 되었다는 신호로 보면 된다. 자신을 알아가는 그 순간부터 사람은 새로운 꿈을 꿀 수 있다. 이제 우리는 새로운 대한민국으로 리셋해 나갈 필요가 있다. 새로운 삶의 여유와 자유가 자리를 잡고 창의성에 기반한 삶을 살아갈 수 있는 국가 시스템, 지금보다 더욱 세계 속에서 인정받는 한국을 만들어 나간다면 우리의 자식 세대들에게 남기는 큰 문화유산이 될 수 있을 것이다.

그래서 한국이 국민소득 5만 달러 국가가 되고, 국내로 이주한 500만 외국인과 사이좋게 살고, 매년 3000만 관광객이 통일 한국을 느끼러 오고, 1000만 한국인이 세계에 나가 당당하게 살아갈 수 있으면 그것은 정말로 이상적인 모습일 것이다. 이제 이것을 만들어 나갈 사람들은 바로 현재의 우리들이다. 모두가 힘을 합쳐 만들어 나갈 수 있다. 그렇게 한다면 우리는 바로 '꿈꾸는 독종, 코리아의 1대 조상'이 되지 않을까?